教師が直面する49のケース

生徒指導「トラブル対応」の教科書

事例編

吉田順

学事出版

はじめに

私の若い頃は「校内暴力」期（1970年代後半～80年代）でした。その後も「荒れる学校」「学級崩壊」などが騒がれ、生徒指導上の多くの課題がありました。

今ではマスコミが取り上げる問題は「いじめ問題」ばかりで、まるでそれ以外の課題はないかのようです。

ところが「いじめ」と子どもたちの「荒れ」には共通した土壌があります。「いじめ」も「荒れ」も、退廃的雰囲気があふれ、正義を侮蔑し、まじめなことを嘲笑するという学級や学校で起きているのです。

「荒れ」を解決できない学校は、「いじめ」も解決できません。〝「荒れ」ているが、いじめはありません〟という学校は存在しないといってよいのです。

残念ながら、生徒指導の技術や方法が未熟なために、課題の指導がうまくいかなかったり、失敗したりして、精神疾患を患ったり、休職したり、退職に至った先生に少なからず出会ってきました。全国的には自殺を選んだ若い教師もいます。

このような悲劇を生まないためにも、私は生徒指導の「技術」や「方法」は「理論」よりも、もっと重視されるべきだと思っています。

通常、「荒れ」や「いじめ」の対応に未経験で教師になるのが普通です。しかし、教師になるとすぐにその対応が問われることになります。

そこで私はこの「教科書シリーズ」の最後の本として、最も具体的な49の個別の問題について対応の技術と方法を書きました。学級や学年、学校で起きるおよそ全ての問題が網羅されているはずです。

本書を手に、自らの対応の技術と方法を鍛え、この困難な時代の生徒指導・学級経営に強くなることを願っています。

２０２３年４月　　吉田　順

生徒指導「トラブル対応」の教科書　事例編　もくじ

第2章　学級をこえて対応するトラブル　105

第3章　学校全体で対応するトラブル　173

第4章　保護者とのトラブル　207

第5章　地域でのトラブル　227

トラブル解決までのフローチャート

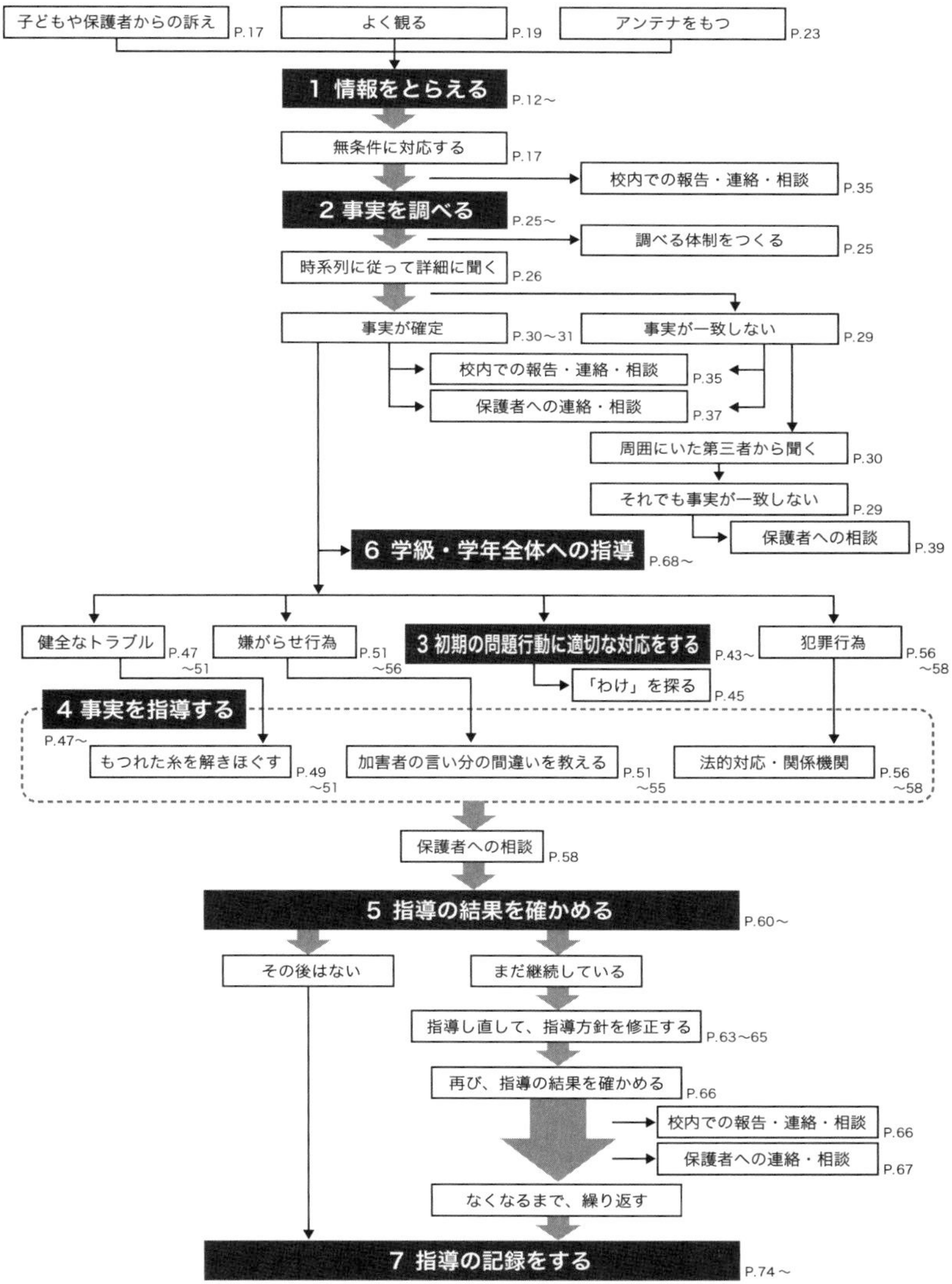

子どもや保護者からの訴え P.17
よく観る P.19
アンテナをもつ P.23
1 情報をとらえる P.12～
無条件に対応する P.17
校内での報告・連絡・相談 P.35
2 事実を調べる P.25～
調べる体制をつくる P.25
時系列に従って詳細に聞く P.26
事実が確定 P.30～31
事実が一致しない P.29
校内での報告・連絡・相談 P.35
保護者への連絡・相談 P.37
周囲にいた第三者から聞く P.30
それでも事実が一致しない P.29
保護者への相談 P.39
6 学級・学年全体への指導 P.68～
健全なトラブル P.47～51
嫌がらせ行為 P.51～56
3 初期の問題行動に適切な対応をする P.43～
犯罪行為 P.56～58
「わけ」を探る P.45
4 事実を指導する P.47～
もつれた糸を解きほぐす P.49～51
加害者の言い分の間違いを教える P.51～55
法的対応・関係機関 P.56～58
保護者への相談 P.58
5 指導の結果を確かめる P.60～
その後はない
まだ継続している
指導し直して、指導方針を修正する P.63～65
再び、指導の結果を確かめる P.66
校内での報告・連絡・相談 P.66
保護者への連絡・相談 P.67
なくなるまで、繰り返す
7 指導の記録をする P.74～

『生徒指導「トラブル対応」の教科書　プロセス編』の頁に対応しています。

問題行動の違い

※いずれも指導すべきもの

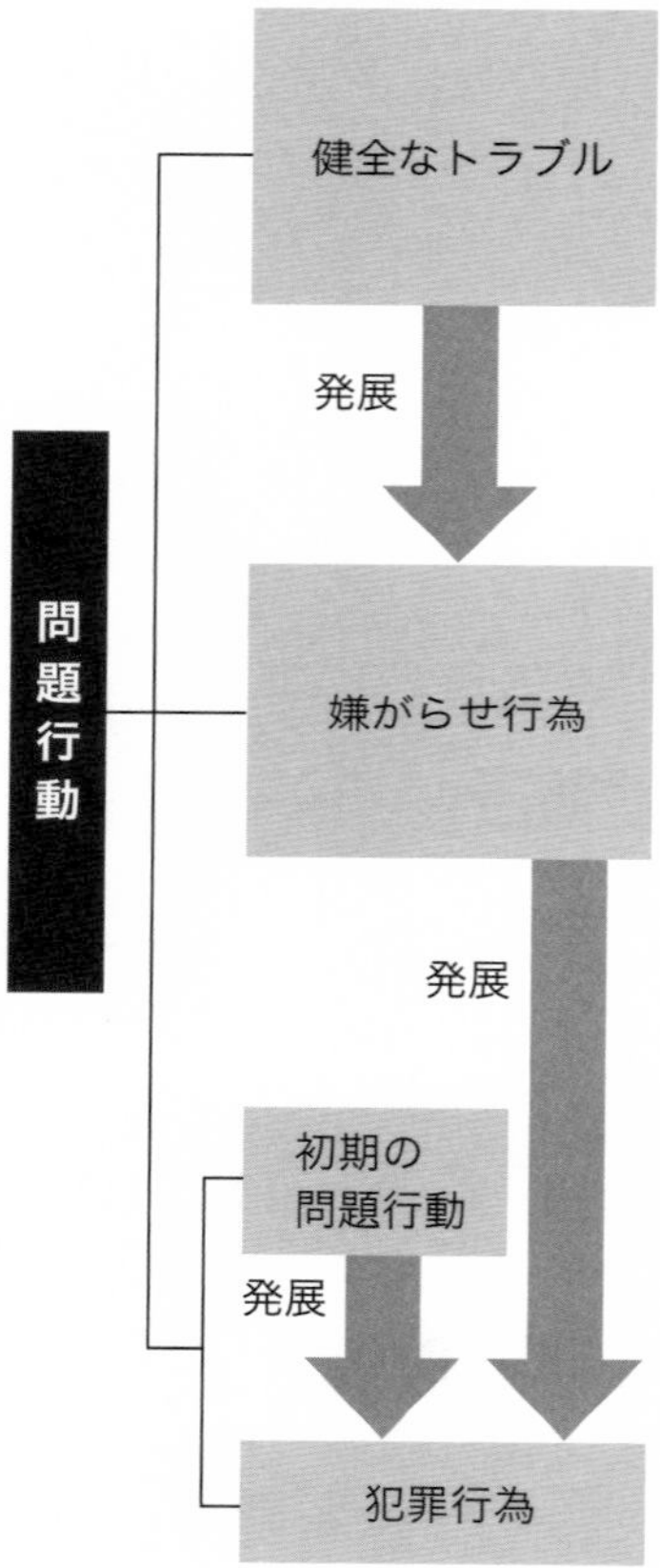

- 「いざこざ」「もめ事」としてよく起きる
- 冷やかし、からかい、軽く叩いたり蹴ったりする、悪口や陰口、意地悪、仲間外し、無視、物隠し、落書きなどの形態がある
- 一定の人間関係がある者同士で双方向的に起きることが多く、「いじめ」とは違う

- 「遊び」「ふざけ」を装うことが多い
- いわゆる「いじめ」。形態は「健全なトラブル」と違いがなく、判断を間違える
- 一方的であることが多く、打撃(苦痛)を与える意図がある場合もある

- 授業妨害、授業に頻繁に遅刻する
- 授業エスケープ(離脱)、保健室などにとどまる
- 教師への暴力、暴言

- 「いじめ」ではなく犯罪。法的対応か関係機関に相談
- 暴力、金品のたかり(恐喝)、金品を盗む、器物損壊など
- 法にふれる行為

第1章

担任として対応するトラブル

担任が対応するトラブルは実に多いです。その中には学年全体で対応すべきものがあったり学校として対応したりするものもありますが、大半は担任だけで対応から解決まで行わなければいけないものです。荒れている学級ならば、毎日のようにあります。

本章では、担任に対応や解決がまず任されるものを中心に取り上げました。

①

「服装・頭髪」の校則を守らない子がいる

〈この問題をどう考えるか〉

「ブラック校則」という言葉が話題になっていますが、なぜ学校は服装や髪型の校則にこだわるのでしょうか。これはかつての「校内暴力」期（１９７０年代後半〜80年代）から今日まで続いていることであり、最近のことではありません。その底流には、この校則を突破されたら学校は無法化し荒れていくという考え方（「校則防波堤」論）が根強くありました。校則は学校を荒れから守る防波堤で「蟻の穴から堤も崩れる」のたとえのように「たかが服装」と見逃してはいけないとされていました。なぜなら、「服装の乱れは心の乱れ」という考えがあり、当時の中学校の教師なら知らない人はいないという有名な〝名言〟で、服装や頭髪の違反にこだわる根拠になっていました（→「手引き」①）。

この「校則問題」は学校全体の指導方針にかかわることであり、「この違反は仕方がない」「この違反は絶対に許さない」などと担任の考えで自由に指導できるものではありません。

服装や頭髪に関する学校全体の考え方や指導方針に基づいて指導するものですが、そこれらはとても多様です。どんな考え方と指導方針が多いか、おおまかに分けてみます。

Ⅰ　服装と頭髪の違反は認めないので、直すまで教室には入れない。

Ⅱ　認めないが、保護者と相談したり、一定期間は特別室などで指導したりする。
　どうしても従わない場合は教室に入れて、指導は継続する。

Ⅲ　認めていないが、厳しく問うことはしない。

Ⅳ　服装と髪型の細かな規定はしていない（「中学生らしく」としている程度）。

ⅠⅡⅢは「認めない」という点では同じです。Ⅰはこの指導方法が通用する間は続きますが、どうしても従わない場合はⅡかⅢに移行するしかないことになります。
　そうすると、認めないが認めざるを得ない、という矛盾を抱えながら教師は指導することになりますから、複雑な指導になり、教師間で一致した対応はとてもできません。
　Ⅰの学校は、この対応方針に子どもが従ってくれている間は、「これでいい」と思ってしまいこの対応が続くでしょう。しかし、多くの学校では途中でうまくいかなくなってしまいます。どうあっても従わない子がいると、学校側と子どもとの根比べのような状態になり、真似をする子が現れると教室に入れない子が増えて、その子たちの保護者から批判が出たりすると、この対応は見直さざるを得なくなります。
　そこでその子の服装と髪型の指導はいったん諦めるしかありませんが、多くの学校は

「1人や2人は仕方がないとして、それ以上の広がりは必死に防ごう」と今まで以上に一般生徒に厳しく指導します。そうすると今度は「指導の二重構図」（↓「手引き」②）が生まれ、違反を指導される子と許されてしまう子がいることになります。そのため、一般生徒の教師への不満や不信感が生じ学校は荒れていきます。つまり、この対応方針は事実上破綻してしまうことになります。

この場合は、対応方針をⅣに変えてしまうのが一番いいのですが、教師間の考えがまとまらず難しいのが現実でしょう。そこで、私がオススメするのは「一時、棚上げ」（↓「手引き」③）という対応方法です。

この棚上げの意味は、服装や髪型の規定を守らせることは当面棚上げにして問わないということです。それよりもそのような違反をしてきた本人の考えや思いを聞いて、「なぜその服装や髪型がいいのか」を探ることです。そうすると校則違反には「深いわけがある」ことがわかります。この「わけ」を探らない限り、違反を繰り返すだけです。問題行動の指導というのは、校則違反に限らず、「わけ」に取り組まない限りは根本的な指導はできませんし、規範意識を育てることなどできません。

当然、「では、違反は広がってもかまわないのか」という疑問を抱くと思います。私の考えは「かまわない」です（↓「手引き」④）。私の経験では、実際にはさほど広がりませんし、「服装の乱れは心の乱れからくる」のですから、この「心の乱れ（わけ）」に取り組まない限り、違う形で問題を起こし続けるだけなのです。

つまり、「一時棚上げ」にして「違反」してくる「わけ」を探ります。直すまで教室には入れないとか、「直せ」、「直さない」の押し問答をする中では、子どもは気持ちや思いを本当に語ることはないからです。違反をする子には、違反をしたくなる、せざるを得ない深いわけがあります。

そのためには、「一時棚上げ」の対応が学校の中で認められる必要がありますが、何がなんでも違反は認めないという先のⅠのタイプの学校ではなかなかできません。私が勤めた学校のほとんどはⅠでしたが、従わない生徒が多く、事実上ⅡⅢになり、最後は全教師の合意でⅣになっていきました。かなり遠回りでしたが「一時棚上げ」によって、厳しい校則指導よりも「わけ」を探ることの大切さに気づいてきたからです。

中2のA君がある日茶髪にして登校してきました。A君の問題行動は茶髪だけではなく、他にもいろいろありますが、特に茶髪の指導に困っています。学校の方針はⅠですが、事実上Ⅱになっています。A君の茶髪の指導には膨大な時間も費やしていて、効果もなく悩みの種です。担任はどのように対応するのがいいでしょうか。

〈どう対応するか〉―「わけ」を探る―

まず学校の「認めない」という指導方針に従って相談室で指導します。稀に「一度やってみたかった」「やはりダメか」などと一過性の場合もあるからです。

保護者には学校の指導方針を伝え、相談する必要がありますが、効果は期待できません。背景に深い「わけ」があるからです。数日程度は繰り返してもいいですが、同じことがなおも繰り返されるなら、前述のⅡかⅢに移行せざるを得ないでしょう。それも効果がなければ「一時棚上げ」にします。指導放棄ではありません。むしろ、ここから担任の生徒指導の力量が問われるのです（↓「手引き」⑤）。

つまり、背景にある深い「わけ」を探ることに取り組みます。それには、まず保護者と何度も相談することが大事です。茶髪に至るまでには既にいくつもの問題をもっていたはずですから、初めて保護者と会うということは現実にはないはずです。通常、ある日突然茶髪にする例は皆無です。校則違反の茶髪というのは生徒からすれば、かなりハードルの高い問題であり、そこにいくまでには小さな問題を踏んでいくからです。その小さな問題の時に積み上げた信頼関係を土台にして、生徒の家庭生活の様子・家族関係や親子関係・成育歴など何でも聞いてみます。保護者の話す内容を否定したり、叱責したりしてはいけません。「こう思う」という考えは言い、互いに共通点をつくります。私の経験では「わけ」は具体的なものです。問題は保護者がその「わけ」を深く理解できるかです。

〈「認められる」体験があるかどうか〉

家庭生活や学校生活の中で、保護者や教師から「認められる」という体験があるかどうかです。「認められる」という体験は思春期を乗り越えるにはなくてはならない体験です。「認められる」とは具体的にはどういうことでしょうか。家庭生活の中で保護者がわが子を相手にし注目することです。これがないとわが子を認める機会などは起きません。そのためには家庭は互いに無警戒でいられる場所であることです。そうしないと本音も弱音も吐けませんし、学校であった失敗や友達との間であったトラブルも隠すしかありません。ありのままの自分を出しても、受け入れてもらえる大人が必要なのです。

こういう家庭でないと保護者に認められているという感覚は育ちません。この感覚を基盤にして、子どもは自分は親に認められている、見捨てられていない、と感じます。

そのためには保護者には子どもにかかわる時間的・精神的ゆとりがないといけません。このゆとりが保護者の側にあるかどうかを自己点検してもらうことです。ひとり親家庭ならばゆとりは少なくなりますが、工夫して時間を生み出すことをわかってもらいます。私の経験では、いま述べてきたことを理解できた保護者は、わずかでも時間を生み出し子どもとかかわるものです。わが子とかかわることの重要性の理解にかかっているのです。

次にわが子とのかかわり方も相談します。まず会話の内容です。たわいのない世間話のようなものがとても大切で、説教や叱責ばかりではいけません。次のかかわり方は、子どもに何かを頼む、何かをやってもらう（例えば、手伝いなど）ことです。そしてその結果は問わずに、親が「助かったわ」「ありがたい」などと具体的に伝えると、子どもは「自分は役に立っている」「家で必要とされている」と感じるでしょう。この役に立っている、必要とされているという体験や感覚が「認められる」という具体的な意味なのです。

このようなかかわり方を相談してください。保護者にとってはなかなか大変なことですから、すぐにはうまく実行されませんが、学校で少しの変化があっても保護者に連絡します。もちろん、この「認められる」という体験は学校生活の中でも問われることです。教師や他の子どもたちから「認められる」体験の機会が増えるからです（↓「手引き」⑥）。

さて、このように「わけ」を探っていくのに、教師側の考えや価値観を一方的に押しつけてはいけません。保護者と一緒に家庭生活の様子・家族関係や親子関係・成育歴などをたどりながら「わけ」を見つけていくのですから、根気がいるものと覚悟してください。

②

「いざこざ」や「もめ事」をかかえている子がいる

〈この問題をどう考えるか〉

学級で起きる最も多いトラブルは、人間関係のもつれや軋轢から生まれます。「いざこざ」や「もめ事」の類は、思春期にはよくあることであり、大半は「健全なトラブル」といってよいでしょう。仲のいい友人と些細なケンカをしたり、ふざけて友人を傷つけてしまったりして、してはいけないことやその限度を学んでいきます。このような失敗から人間関係の適切なつくり方を学んでいくのですが、昔と違って現在は地域の同年齢の集団もきょうだいも少なくケンカもあまりないため、経験がとても少ないわけです。

そのため、友達集団でトラブルが起きても、自分たちでうまく解決できず不登校になるほどに発展することすら少なくありません。明らかな「いじめ」や「嫌がらせ行為」であれば対応は難しくないのですが、加害者・被害者という図式で扱えないだけに対応は難しいことがあります。双方にそれなりの言い分と複雑なやりとりが背景にあることがほとんどだからです。担任の対応によっては当事者たちの保護者からも異論や批判が出ます。

中3のA子、B子、C子は友達集団でしたが、最近D子がこのグループに加わってからいざこざやもめ事が多くなり、C子は最近は休み時間にも教室にいづらくなり、授業に遅刻して来るようになりました。C子から遅刻の理由を聞いている中でわかりました。

〈どう対応するか〉―もつれた糸を解きほぐす―

もし、人間関係もないのに起きたならば「嫌がらせ行為」の可能性があり、本章の④や⑤の対応になることもあります。しかし、この場合は違うようです。「もつれた糸を解きほぐす」（→「手引き」⑦）ことがポイントになります。

まず、C子さんから事情を聞いて、いざこざやもめ事の経過や具体的な理由を聞きます。いくつか例示しますが、同じ例がないほど実に多様です。「遊ぶ約束をしたのに別の子と遊んでいた（相手は忘れていただけ）」「私の悪口をいいふらした（実際は双方が）」「私のミスを笑った（相手は別のことで笑っていた）」などの誤解・勘違いによるものから、「話にすぐ割り込んでくる」「あの子とは会話が続かない」などの人間関係づくりの未成熟によるものまでいろいろです。

C子さんが思い当たる理由や原因を事実に即して探りますが、C子さんの言い分ですから、この段階でD子さんが悪いなどと断定してはいけません。せいぜい「君の言う通りなら、D子さんは間違っていると思うけど……」というくらいでしょう。また、その言い分をD子さんや内容によってはA子さんとB子さんからも聞き取りますから、かなりの時間を要することになります。では、「もつれた糸を解きほぐす」具体例をあげてみます。

C子さんとD子さんの間で起こった、「何か」について聞き出します。この場合はC子さんに遅刻の理由である「教室にいづらくなったこと」を聞けばいいのです。例えば、悪口を言われているというならそれをD子さんに確かめます。A子さんやB子さんと話すのを邪魔されるというなら、A子さんやB子さんにも確かめます。

このような対応の流れは、あらゆる問題行動やトラブルの対応と共通していることであり、特殊な対応ではありませんが、違うのは加害者・被害者という区別は必要なく、それはこの時期にはよくある双方向的なトラブルだからです。

さて、もし「悪口を言われている」というのが本当であれば、D子さんに確かめて指導しますが、ほとんどは「言っていない」と否定するでしょう。それは嘘を言っているのではなく、D子さんが悪口だと思っていないか、C子さんが誤解しているか勘違いしているかなどの理由ですから、いよいよ「もつれた糸」を一つひとつ解いていきます。D子さんは何と言ったか、C子さんにそれはどう聞こえたか。大変根気のいる対応が始まります。

〈すっきりと解決できない時は〉

その結果、D子さんに明らかな非があるならば、D子さんを指導すればいいのですが、たいていは、どちらが悪いと白黒をハッキリできません。思春期特有のいざこざです。

しかし、通常はこの糸をほぐしていく過程で双方の思いや意図が伝わり、不満を吐き出したりすることによってすっきりし、事実上収束していくことがほとんどです。また、この段階では「どうすれば良かったのか」を互いに考えさせると案外と前向きになります。

それでも解決しない場合は「みんな仲良く」する必要はないと伝え、「つきあわない」「かかわらない」という対応もあることを教えます。みんな仲良くという価値観は基本にしながらも、それでも「馬が合わない」人がいることは認めるべきではないでしょうか。

なお、C子さんには他の3人からも事情を聞いていいかどうかの許可を得ておく必要があります。担任に相談されることを嫌う場合があるからです。もし、嫌がった場合には、解決は自分たち自身でするしかなくなることをわかってもらい、「A子さんやB子さんには『あんなに仲が良かったのに最近は変だね。C子さんに最近何かあったの』などとそれとなく話しかけてみます」と担任としてのかかわり方を伝えます。

③

「いざこざ」や「もめ事」をたえず起こす子がいる

〈この問題をどう考えるか〉

大きな問題は起こさないが、たえず他人と「いざこざ」や「もめ事」を起こしている、いわゆる「手のかかる子」がいます。クラスには1人や2人はいるものです。しかも、ほとんどは自分からちょっかいを出してトラブルを起こしています。

誰もが一度や二度は加害者や被害者の経験をしますが、たえず起こす子がいると担任は莫大な労力を費やすことになります。②の場合の子どもは、双方が何度か経験すると、人間関係のあり方などを学び改善していくことが多いものです。本来、私たちもこの体験を積みながら学び大人になってきたのです。ところが、この③のケースはそうはいかないケースで、何度も何度も繰り返すところが②とは違うところです。

糸がもつれたのは本人に原因があることを具体的に明らかにしたり、厳しく叱ったりすることも必要ですが、このことだけに頼っては解決できません。

根本的な指導が必要だからです。指導の基本は①で述べた「認められる体験」をさせることです。「いざこざ」や「もめ事」を起こす心理と、「服装や頭髪の校則を守らない」心理には共通したものがあるのです。どちらも「僕に注目してほしい」「僕をもっと相手にしてくれ」というメッセージです。他の子どもたちへの、保護者への、担任へのメッセージなのです。それを人に喜ばれることで実現できないため、安易な悪さで示そうとします。

中1のE君は夏休み明けから他の子どもたちとのトラブルが続出してきました。その大半はE君が原因をつくっていました。何度指導しても繰り返すだけで、最近はさらに攻撃的で他の子どもたちや保護者から苦情が出る始末です。

〈どう対応するか〉―認められる場をつくる―

「いざこざ」や「もめ事」を起こす子は、指導されるたびに少しずつ回数が減っていくものですが、E君の場合はそう簡単ではありません。E君には、①でも述べましたが、家庭にも学校にも自分が認められる場がないからです。

通常、子どもは勉強は苦手でも、部活動で活躍しているとか、学校では活躍できないが、友達集団があり、好かれているとか、また家ではよく手伝いをしてとても親から頼りにされているなどと、何か「認められている」「役に立っている」「必要とされている」という感覚をもっていれば、健全な人間として成長できます。

　非行少年の多くは就職して仕事に就くと立ち直ります。非行少年の多くが犯罪者になったら、この国はとうの昔に犯罪者だらけの国になっていたでしょうが、実際は逆です。私のかかわった少なくない非行少年たちも、ごくわずかな例を除いてその大半はまっとうな大人になっています。なぜでしょうか。厳しい法律があるからでしょうか。そんなことをしていては食べていけないからでしょうか。それもあるでしょうが、一番は仕事に就いて社長や親方などの他人から「必要とされた」「役に立った」などという「認められる体験」をしたからです。もちろん、一直線にそんなにうまくはいきませんが、最後はこの感覚をもてないといつまでも繰り返すだけになります。E君にはこの感覚を得た経験が少なすぎたのです。

〈認められる場面を大人がつくる〉

　まず家庭生活のあり方を保護者と相談します。具体的な提案をしていき、決してこれまでの保護者の対応を非難したりしてはいけません。過去はもう変えられませんから、保護者が自ら気がつくようにすることが必要です。

もちろん、以上のことは早い時期に「一緒に取り組みましょう」と保護者に話をして了解を得て取り組みます。いきなり保護者と家庭生活のあり方を相談したのでは、保護者はなぜなのかわからずきっと面食らうでしょう。

「お母さんはいつも何時ころ帰ってきますか」「その頃はE君は何してます」「夕食は何時ですか」「食事中に学校のことなど話題にしてますか」「話はよく最後まで聞いていますか」「夕食後はどんな生活ですか」などという日常生活のことを会話の入り口にしていくと、保護者のほうから「帰ってくるのが遅く放課後はよく把握できません」「話をよく聞いてあげる時間もなくて」「夜は私は疲れてすぐ寝ますが、本人はゲームばかりやっているようです」などという心配事を話すでしょう。そこで具体的に提案します。「じゃあ、明日からは夕食時には友達や学校のことを話題にしてみてください」「本人が帰宅してから一つだけ手伝いを頼んでみてください」「夜はお母さんと30分だけ一緒に勉強してみようかと提案してみてください」などと何でもいいのです。要は子どもにかかわる時間をもつことが大事で、子どもからすると「僕は相手にされている」「見捨てられていない」と感じる機会になります。手伝いも勉強もその結果を叱ったりしてはいけません。

担任は最低週1回は保護者と連絡をとり、その後の様子を聞きます。継続されていればオーバーなくらいほめます。また学校での様子も伝えて問題もなく過ごせていたら、「今週は何のトラブルもなく落ち着いて過ごしました」と伝えます。保護者からすれば、担任からの電話といえばいつもひやひやですが、こんな連絡をもらうとうれしいものです。こういう取組を数カ月は続けていきます。

同時に学級の中ではE君に何か役割か仕事を与えます。そして「君のおかげで助かるよ」などという体験をさせることによって「僕はクラスで役に立っているんだ」「このクラスで必要とされているんだ」という感覚を抱くようになります。

役割や仕事はそんな簡単にないというなら、つくればいいのです。私の場合はよく放課後の教室や校舎内の修理や掃除を頼み、「助かるなあ。また頼むよ」などと頼りにすると「役に立っている」という実感をもってもらえます。そしてこれを保護者にも伝えます。ほめることを待つのではなく、ほめる機会を意図的につくるのです。

もちろん、このような取組だけで簡単に解決はしません。まず親が、そして担任もかかわることが大事であって、かかわればさらに次のかかわり方のヒントが出てきます。何もしないで１００％効果のある方法を求めていても、解決にたどりつくことは不可能です。

④

学級で「嫌がらせ」をされる子がいる

〈この問題をどう考えるか〉

既に『プロセス編』の「第1鉄則」で述べたように、もし本人や保護者からの訴えならば、無条件に対応しなければいけません。担任が訴えの概要を聞いて、「よくあることで、大したことではない」「一過性のものだろう」と勝手に判断するのではなく、まず事実を正確に調べることが大事です。そのためには、嫌がらせをしたとされている相手からも当然話を聞かなければいけませんから、短時間で終わらせようとしてはいけません。

単なる「いざこざ」などではなく、「嫌がらせ」と本人が言う以上なおさらで、最終的には加害者・被害者という構図になるかもしれませんから、安易な思い込みで判断してはいけません。

その結果、「健全なトラブル」なのか「嫌がらせ行為」なのか、「犯罪行為」なのかがわかります。「嫌がらせ行為」は学級で頻繁に起きるトラブルですが、担任は適切に対応できなければ子どもたちからも保護者からも、信頼を失うことになります。

しかも、多くの「いじめ自殺事件」はこの対応のミスから起きているのですから、一見初歩的なトラブル対応のようにみえるものでも軽視せずに、熟達しなければとても複雑なトラブルに対応する能力は養われません。決して、軽視することなくなくなるまで真摯に対応することです。

放課後、F君の保護者から担任に電話で「学級でG君から嫌がらせを受けているようだ」という相談がありました。

〈どう対応するか〉―最初から「嫌がらせ」と断定してはいけない―

時間的に許されるならば、すぐにF君を捜して事情を聞きます。この場合、担任が会議があったりしてもこの対応が優先されなければいけません。

もし、F君がもう帰宅していたなら、保護者の了解を得て自宅に行くか、部活動か他の活動で校内に残っていればF君に終了後に事情を聞くことを伝えます。関係していると思われる子たちはもちろん、他の子たちにはできるだけ知られないように配慮して場所を設定します。時間的に不可能であれば、その旨を本人や保護者にも伝えて、明日対応する約束をします。

まずF君には「君の言ったことはG君から確かめないといけませんが、できるだけ詳しく正確に教えてください」と伝えて、「嫌がらせ行為」の内容を聞きます。例えば、嫌なあだ名で呼ばれた、「死ね」「寄るな」などということを言われたなどであれば、いつから、どんな時に、どれくらい言われるのか、前後でG君と何かやりとりがなかったのか、いきなり言われるのか、などと詳しく様子を聞き出します。また、「よくぶつかってくる」とか、「蹴られたりする」などという場合は、F君の勘違いや偶然のこともありますから、その時の様子をやはり詳しく聞いてください。さらにF君の友人でその場面を見た者はいないか、周囲にいた者はいないか、なども聞いてしまいます。G君が否定した時に、友人や周囲の者に確かめる必要があるからです。「ぶつかる」とか「蹴られる」などというのは、G君には全くそのつもりはなく、たまたまぶつかったり足が当たったりなどという場合もあるからです。

起きた事実（と思われる）がわかったら、G君との関係なども聞いておきます。G君とは顔を知っている程度の間柄なのか、これまでに何らかの人間関係があったのかで、このトラブルの意味合いは全く違ってくるからです。

F君には「もし、君の言っていることが事実なら、とても辛くてとんでもないことですから、G君にはやめてもらうように厳しく指導しますので、このあとG君にも確かめます」と次の対応を伝えておき、F君の保護者にも連絡をしておきます。ここまでの段階はあくまでF君とG君は被害者でも加害者でもありませんので、決めつけるような言葉を使ってはいけません。時間が許せば、できる限りすぐに今度はG君から事情を聞きます。

また、F君には次のことを確認しておくことを忘れてはいけません。G君に事実を確かめる時に、「君から訴えがあった」と言っていいかどうかです。本人が仕返しを恐れて嫌がることがありますから、その場合は「F君の友達からの訴え」「嫌がらせの場面にいた周囲の子からの訴え」などとすればいいのです。場合によっては「担任の私がこの間教室の前を通ったら気がついたのですが、君はF君に嫌がらせをしていたと思うがどうですか」とすればいいのです。嘘も方便です。

中には、「見たというのなら、F君の友達や周囲の者を連れてきて会わせろ」などと言う強者もいますが、応じる必要はありません。仮に、本当に友達や周囲の者からの訴えであっても、決して会わせてはいけません。

F君の言い分がある程度確かめることができたなら、G君に事実を確かめますが、この段階でもまだG君を加害者と断定して対応してはいけません。F君の誤解や勘違いがあるからです。その場合は②のケースになります。

〈安易には妥協しないが、落としどころもわきまえる〉

残念ながら加害者というのはいろいろな言い訳をして、簡単には事実を認めません。そのためには周囲にいた者の証言を突きつけることをためらってはいけません。この経過はそのままG君の保護者にも伝え、協力してもらいます。通常の保護者ならば、ここまで証言があればわが子の非を認めて説得することが多いです。

しかし、何がなんでも認めないという場合はどうすればいいでしょう。それでも学校側は勝手に断定して終わらせてはいけません。G君も保護者も「あの先生はわが子の言い分は信用せず、F君の言い分しか信用しない不公平な担任だ」などと言われるかもしれません。認めるまで追及する必要はありません。次のような落としどころを用意しておきます。

「君はそのつもりはなくてもF君が嫌がらせと受け取ったのは当然だと思うが、君は自分はそのつもりはなかったが、結果として嫌がらせになったというのはわかりますか」などと、G君の思いには理解を示して、この思いは認めた上で「君の思いはF君に正しく伝わらなかったんだよ。世の中ではよくあることだ。今後は相手によく伝わるような言動をとらなくてはね」などと。通常、これで終わることが多いです。多分、G君の心境は「何とか今回はこれで終われそうだ。もうやめよう」というところでしょうか。

「嫌がらせ行為」を繰り返す子がいる

〈この問題をどう考えるか〉

④のG君は一過性のものか、指導するたびに「嫌がらせ」行為が減る場合ですが、この「繰り返す」という子の場合は漫然と指導しても効果はなく、被害者が増えていくだけです。子どもの世界では多少の嫌がらせ行為はつきものですが、一過性か何回かで終わるケースとの違いを見極めることが大切です。よくある「いじめ自殺事件」にとても多くみられるのは、担任が「一過性のもの」「よくあること」だと思ったというのがその典型的なものです。早めに見極めて、被害者を守ることを優先するためには、外科的治療をしなければいけません。

H君はおとなしい子などに頻繁に嫌がらせをします。何度指導しても繰り返すだけで、保護者とも相談するのですが、わが子への指導力がなく、最近では「わが子ばかりが悪いとされて納得がいかない」などと、あまり協力的ではありません。

〈どう対応するか〉―外科的治療を優先する―

②③④で問題を起こす子の場合は、主として内科的治療であるのに対して、この⑤の場合は内科的治療だけに頼っていては被害者は増える一方になりますから、外科的治療も同時に行います。内科的治療とは保護者の協力を求めて、家庭や学校の場に「認められる」機会をつくることですから、時間がかかります。外科的治療は「ダメなことはダメだ」という考えを優先させますから、外からの強制力を使います（➡「手引き」⑧）。

では外科的治療をもう少し具体的に述べましょう。多分、最初は加害者のH君を厳しく叱るでしょう。代表的な外科的治療です。しかし、繰り返す子には効果はなく、場合によっては教師や他の生徒に見つからないように陰で嫌がらせをしたり、H君の味方をするような仲間の前でしかやらなかったり、さらに巧妙な口実や言い訳を用意したりするでしょう。このような場合は、H君に対して漫然と同じ指導を繰り返してはいけません。

もちろん、H君の保護者とも相談をしているはずですから、「これ以上続くなら、H君のお母さんやお父さんに来校してもらい、被害者のお母さんやお父さんと会ってもらうことになります」などと伝え、会合の場を設定することを伝えます。私の経験上これが設定できたらかなりの効果があります。被害者の保護者が本気で怒っていることが伝わるからです。この保護者の力を借りるのも外科的治療の一つです。

　しかし、何らかの理由で設定できなければ、いよいよ法的に対応することをH君とH君の保護者にも伝えます。もちろん、被害者とその保護者には学校として法的に対応する方針を説明し、事前に了解を求めておく必要があります。公立学校には、これ以上の外科的治療はありません。

　なお、この警察との連携（法的対応）は管理職が最終的に判断することになりますから、生徒指導主事（部長）はもちろん指導部としての合意がなくてはいけません。

〈警察に相談・通報も辞さない〉

　担任や生徒指導部の教師は、何度指導しても繰り返す場合を想定して、次の文書を理解しておくことが必須です。「いじめ防止対策推進法」に基づき策定された「いじめの防止等のための基本的な方針」の「別添2」として「学校における『いじめの防止』『早期発見』『いじめに対する措置』のポイント」という具体的なことが書かれている短い文書です。その中には指導を行っているにもかかわらず、十分な効果を上げることが困難である場合は、警察に相談・通報することの必要性がいわれています。

　さらに文科省は「早期に警察へ相談・通報すべきいじめ事案について」という通知を出

していますが、その（別紙1）には「学校において生じる可能性がある犯罪行為等について」として、個々の「いじめの態様」を示しながら「暴行・傷害・強要・恐喝・窃盗・脅迫・名誉毀損・侮辱……」などの犯罪に当たることを示しています。なお、令和5年2月7日付で「いじめ問題への的確な対応に向けた警察との連携等の徹底について（通知）」として、ほぼ同様の内容で19の事例を示して通知を出しています。

一般的に学校の教師は、子どもの問題行動を警察に相談したり通報したり、また起きた問題を犯罪行為と考えることには、かなり抵抗があり躊躇してしまうものです。そのため対応が遅くなります。したがって、加害者になってから子どもに言うのではなく、普段から繰り返す場合には警察と連携することをはっきりと事前に伝えておくのが一番いいのです。できれば保護者会などを利用して保護者にも徹底しておくべきでしょう。

なお、この「繰り返す」場合であっても内科的治療に意味がないということではありません。嫌がらせ行為をまずなくすためには、外科的治療を最優先するということです。いったん外科的治療で防止しても、加害者に外的な強制力を加えるだけでは根本的解決は望めません。内的な自らの意思でしなくならない限り無理なのです。それは既に何度も述べてきた「認められる」体験です。認められている人間は他人を攻撃して自分を認めさせる必要がないからです。

特定の子が大勢から忌み嫌われる

〈この問題をどう考えるか〉

クラスの大勢の子たちから忌み嫌われるケースがあります。例えば、その子が配るプリントは汚い物にでも触れるかのようにつまんで受け取る、掃除の時にその子の机や椅子には誰も触らない、廊下でその子とすれ違う時にはオーバーな動作で体をよける、などということがあります。「バイ菌ごっこ」はその一つです。

大半の子たちはみんながそうするからしているだけで、理由はありません。また、仮にそうされるような理由があったとしても、大勢でしかもみんながしているからという理由で忌み嫌うことは許されません。実際に理由があるのは、1人か2人の数人であって、しかも何年も前のことをいうことが多く、レッテル貼りにすぎません。

ここまでの酷いケースはそう頻繁にあるわけではありませんが、この被害にあった子どもは、地獄のような日々を何年も過ごすのですから、担任は解決のために全力をあげる責任があります。

担任がこの事態を事実上〝黙認〟する場合があります。たいていは前学年から続いているることが多いため責任感が薄れてしまうのです。「もうこんなに長く続いて広まってしまっては……」「初期の頃ならまだしも……」というわけです。

黙認するもう一つの理由は、この子を守るためには一時的にせよ、加害者と闘うことになりますが、この加害者が学級で影響力の強い子であると、一時的にせよその加害者とは人間関係が悪化します。そのため、消極的になってしまうのです。教師にあるまじき姿勢と批判するのは簡単ですが、実は「学級崩壊」の原因につながる一つですから、躊躇してしまうのは当然なのです。

しかし、担任はこのようなケースにも断固として取り組まなければいけません。

中1のIさんは小学生の時から毎年長期にわたり、学級の大勢の子から忌み嫌われています。今では別の小学校から入学してきた子までが同じことをしています。

〈どう対応するか〉――教師が断固として味方になる――

一般的によくある指導としては、学級の全員に向かって道徳の時間や学級会で「いじめは許されない」「みんな仲良く」などと説く指導が、いわゆる「全体指導」です。これはやらないよりは少しは効果があるでしょう。内心はいけないことだと思っていた子などはやめるでしょう。しかし、Ｉさんへの一連の行為をやめるということは、それでもやめない子たちには同調しないという意思表示ですから、大半の子にとってはかなりの勇気を伴います。しかも一部の子に命令・指示されてやっているわけではなく、惰性でやっているため同調圧力によるほうが強く、中心人物のいる場合よりやめさせるのははるかに難しいのです。もし、中心人物がいるならば⑤のケースとして取り組めばいいのです。

中心人物がしなくなれば、圧倒的に空気は変わり同調圧力は弱まりますから、あとは「全体指導」で改善していきます。

では、中心人物がいない場合はどうすればいいのでしょうか。

〈味方になる子を１人でも増やす〉

担任の姿勢がとても重要になります。全員に向かって「いじめは許さない」などと説くだけではいけません。そのようなことは既にみなわかっているのですが、学級の空気を読んで自分が浮かないようにしているのですから、このような「全体指導」だけでは変わりません。教師が言動で示すことです。例えば、「バイ菌」扱いをするなら、担任はその子に近寄り何食わぬ顔をしておしゃべりをします。Iさんは女の子ですから男性教師は無理ですが、もし男の子だったら肩でも組みます。宿泊行事や遠足の時に、Iさんの食べている弁当かおやつをみんなに見えるようにもらって食べます。わざとIさんの筆記用具を借ります。要は大いに相手にすることです。

ただし、このような指導には担任が子どもたちから「好かれている」「尊敬されている」ということが前提です。もし、そうでなければ今度は担任が多数の子どもたちから総反撃を受けることになります。読者のみなさんの中には、「まさか、そこまでは」と思う人もいるでしょうが、実は「学級崩壊」とか「荒れる学級」というのは、こうして起こることがほとんどで、担任に対する不信感が何かをきっかけにして爆発するのです。「学級崩壊」の進行とともに「いじめ指導」どころでなくなった例は数多くあります（例えば、2010年に群馬県桐生市で起きた小学6年生の女子児童の自殺事件は、「学級崩壊」の中で起きた「いじめ自殺事件」です）。

さて、担任が好かれ尊敬されていれば、担任の言動に同調してIさんの味方が増えます。そこには尊敬している担任に嫌われたくないという簡単な心理が働くからであり、大好きなアイドルの真似をするというのと同じ心理です。

1人でも2人でも味方が増えれば、その子たちにはIさんに話しかけたり、忌み嫌う行為を一切しないよう頼んだりします。つまり具体的な〝作戦〟を与えます。

それでも全員がしなくなるということはないでしょう。しかし、1人でも2人でも味方ができればI子さんは相当に精神的には楽になります。私もかつてI子さんのような子の担任になったことがありますが、彼女が廊下を歩くだけで、廊下の左右に人がさっと分かれてそこに道ができます。初めて見た時には、その凄まじい光景に驚きました。しかし、たった1人だけ味方がいたのです。10年も経ってIさんと話をしたとき、「私はあの子がいたから今の自分がいるのです」と感謝をしていました。たった1人でも味方がいれば救われるものだと思いました。

〈具体的な理由がある場合〉

この種の大勢で忌み嫌う行為には、明確な理由を誰も知らないことが多いのですが、時には具体的な理由らしきものがある場合もあります。中心人物の加害者の何人かから忌み嫌う理由を聞けばいいのです。例えば、いつも不潔な服を着ているとか、よく鼻をほじるとか、理由があがるでしょう。たいがいは事実でなかったり、伝聞であったりしますから、加害者に非を訴えます。被害者本人の了解を得て「全体指導」が可能ならば一番効果があります。少なくとも忌み嫌う行為に同調する者はかなり減るからです。

仲間外れになりがちな子がいる

〈この問題をどう考えるか〉

⑥の被害者と同じ子である場合もあります。この⑦の場合は⑥のような露骨な嫌がらせ行為はないがグループに入れてもらえない場合です。一見、⑥の子よりは軽微にみえますが、グループや班を決める時には本人と組む子がいないため決めるまでが大変です。その時のいたたまれない気持ちは放置できません。

かつては自らが仲間外しをしていたことも多く、自業自得だとして周囲から同情されることもなく、同じことを起こされるのを嫌がってグループや班にはなかなか入れてもらえません。過去のことにはふれずに、説得して同じグループや班にすることはできません。嫌々組ませたのでは、グループや班の意味がなくなってしまいます。

本人と相談して、過去のことを謝罪し二度としないことを約束させて、もう一度チャンスをもらってやり直すことができるような援助をします。

中2のJさんは体育の授業や行事で班をつくる時にも、学級の係を決める時にも、一緒になる子がいなくて決められず、担任としても大変苦慮しています。決まるまでの長い時間はJさんにとって、多分いたたまれない気持ちだと思います。

〈どう対応するか〉―本人と周囲の者に決めさせる―

Jさんをめぐる過去の出来事は、もし自らが担任ではない時のことであれば、以前の担任に確かめるとか、かかわった当事者たちから聞くとか、Jさん本人にも確かめるとか、場合によってはJさんの保護者にも確かめるなどと、まず事実をきちんと把握しなければいけません。決して、噂や周囲の者の一方的な言い分でJさんのことを判断してはいけません。根拠のないレッテル貼りはよくあることです。

また、事実であっても過去はどうであれ、今はグループも仲間もいない辛さを味わっているはずですから、担任として解決しようという努力が必要です。しかし、経験上とても難しく簡単には解決できません。少しでも辛さを和らげるという目標でもいいかもしれません。この難しさは、やはり過去には自分がした側であったということです。やはり、このことを清算せずに知らぬ顔をして仲間に入れてもらうことは、子どもの世界では難しいでしょう。

さて、「水に流して」関係を再構築するのは、周囲の者が決めることですから、担任が押しつけることはできません。最終的には本人と周囲の者に決めさせますが、「どうあるべきか」という考え方をJさん本人に示すのがよいでしょう。そのためのお膳立ては担任がやらなければ、自然に解決することはほとんどありません。

こうしたらどうでしょうか。過去の事実を確認して、次のいずれかを本人に選ばせます。

ⓐ今のままで我慢して生活する。

ⓑ過去のことで謝罪すべきことは謝罪し、二度としない約束をして水に流してもらう。

ⓒ「なぜ、私を仲間外れにするのか」。その理由を直接聞き、話し合う。

Jさん本人に過去のことの自覚がない場合は、ⓐかⓒを選ぶでしょう。ⓐを選んでも担任として事実の確認はしておく必要はあります。ⓒを選んだら、担任が場を設定して同席します。

ⓑを選ぶケースが一番多いのですが、担任も同席し、Jさんの決意を応援します。

〈「みんな仲良く」はいい目標か〉

学級目標の定番の一つは、「みんな仲良く」でしょう。しかし、私はこの目標は好きではありません。何十人も人が集まれば、気の合わない子が1人や2人いて当然です。まだ大人ではない子どもなのだから、みんなと仲良くすることを教えるべきだという考え方もあるでしょうが、小学生でも高学年なら10年以上も、中学生なら十数年も別々の環境や価値観の中で育ってきたのですから、考え方も価値観も違っていて不思議はありません。

今でも「空気を読む」「KY（空気を読めない）な人」などの言葉が使われるくらいですから、子どもの世界も周囲の雰囲気に同調させようとする圧力がかかっているのです。むしろ、空気を読んで人間関係に疲れる生活から、もっと自由に自らの考えや価値観で生活することを大切にしなければいけないのに、「みんな仲良く」という目標は同調圧力をさらに強めることになるでしょう。

しかし、だからといって常に対立的な友人関係の中では生活したくありません。気が合わなくても、多少嫌いでも普通の人間関係を維持することはできます。必要なのは、人間関係を保つ距離の取り方やコミュニケーション能力ではないでしょうか。実際、多くの人は会社などの社会集団の中ではそうやって生活しているのですから。

Jさんに担任が教えることは、「みんな仲良く」ではなく距離の取り方や正しいコミュニケーションではないでしょうか。それはトラブルを恐れずに集団の一員として生活する以外には、身につける方法はありません。

⑧

学級全体の規律がなくだらしがない

〈この問題をどう考えるか〉

規律がなく、だらしのない学級というのはよくあることです。学級というのは、偶然組み合わせた集団であり、部活動や塾の集団とは違います。ですから、集団が形成された初期は、バラバラなのはよくあることです。

通常は、担任が「こうしましょう」と言えば、大半の子は守り、規律のある学級になっていきます。

ところが、いつまでも規律のない学級がありますが、この場合はたいがい担任の指導力がないからです。まず、学級には「必要な管理」というものがありますが、これを管理教育と誤解し、自主性が育たないからできるだけ子どもに任せるのがいいと思い違いをしている教師もいます。すると、規律がなくなり「真面目にやるのは馬鹿馬鹿しい」という雰囲気が蔓延して、自主性を尊重するどころではなくなります。

また、このような学級の担任は「叱る」ことによる子どもとの対立を恐れる傾向が強く

（→「手引き」⑨）、無規律さにさらに拍車をかけてしまいます。「叱る」と一時的に子どもと対立し人間関係が悪くなることがあるため、それを恐れるわけです。

　このような学級でも、規律のなさを善しとしている子どもたちは実はわずかであり、本当は嫌だと思っているのですが、その無規律さをつくり出している一部の子どもたちに同調せざる得なくて我慢しているのです。

　ところで、教師は学級にまず規律を確立しなければいけませんが、「規律だ！　規律だ！」と説教しても規律は育ちません。指導は入りません。教師は子どもたちから好かれて尊敬されていなければ、指導も入らないのです。尊敬している人の癖や習慣はひとりでに乗り移るものですが、根底には尊敬という基盤があるからです（→「手引き」⑩）。

　規律のある学級をつくる指導力は、担任には不可欠な指導力の一つであり、この力がないと「学級崩壊」「荒れる学級」に発展してしまいます。

中2のK先生の学級はとてもだらしがなく、同僚からも苦情が出る始末です。チャイムが鳴っても席に着いていないものが多く、授業が始まってから教科書・ノートをようやく出します。集会でもK先生の学級は並び終わるまでに一番時間がかかります。K先生は時々怒るのですが、効果はその時だけです。

〈どう対応するか〉―何か一つに取り組む―

本来、規律は集団を形成した初期につくりあげるのが一番適切ですが、K先生は何らかの理由でその時期を逃してしまいました。そうなると、「あれもダメだ。これもダメだ」と今さら叱ってもうまくいきません。何か一つに本格的に取り組むのがいいでしょう。ただし、K先生はこう言わなくてはいけません。「先生は、間違っていた。君たちはそのうち気づいてちゃんとやるようになると思っていたが、無理なようだ。先生も頑張りますから、規律のある教室をつくろう」。

そして例えば、チャイム着席でも集会の並び方でもきれいな教室でもいいから、一つに取り組み、「やればできるんだ」「規律があるというのは気持ちが良いものだ」などという体験をさせます。少々ダメでもオーバーに評価しほめます。「最近は他の先生たちから、随分ときちんとしたクラスになってきたとほめられてしまったよ」「毎日、学校に来るのが楽しくなってきちゃったよ」などと、嘘でもいいから言います。

そこそこよくなったら次の課題に取り組みます。できれば子どもたちから「今度はこれにしよう」などと次の課題が出ればなおいいのですが、出なければ先生が「今度は、これにしよう」と提案し取り組みます。

〈よく観て、「根っこ」を見つける〉

取り組み方を示しておきましょう。ポイントはその課題がなぜできないのかを〝よく観て、「根っこ」を見つける〟ことです（→「手引き」⑪）。やみくもに取り組んでも、ここまで無規律だと成果はあがらず、子どもたちは「どうせダメだよ」となります。

例えば、チャイム着席ならばこうします。丸1日くらいはK先生は自分のクラスのチャイム着席がどうなっているかを〝よく観る〟のです。そして〝根っこ〟を見つけます。1時間目のチャイムが鳴ったら、廊下で何食わぬ顔をして観ていると、チャイムが鳴っても平然と慌てる様子もなく教室に戻って来る子がいます。これでは間に合いません。数人のグループで遠く離れた別の棟から走って来た子もいましたが、これもとうてい間に合いません。こういうのを〝根っこ〟というのです。よく観た結果、ある原因がわかったわけですが、その原因に当たるものを「根っこ」といいます。「根っこ」に取り組まない限り事態は改善しません。

そこでこの〝根っこ〟に取り組みます。漫然と「チャイムが鳴ったら席に着こう」と指導しても、子どもたちには通じないからです。この〝根っこ〟の指導は、「全体指導」と「個別指導」を組み合わせます。まず全体に「チャイムが鳴る前に教室に向かうか、間に合う場所にいるかにしましょう。そうしないといつも遅刻だね」と訴えます。一部の子たちの無規律さに同調していただけの真面目な子には、「もう、私は同調しない」というきっかけを与えることにもなります。しかし、これでも解決しないことがあります。

次は「個別指導」です。同調しているだけと思われる子たちを個別に指導します。最後に残るのは、無規律さを良しとしている一部の子のはずです。ここは大変難しく、①の『服装・頭髪』の校則を守らない子がいる」で述べたように、なぜそのような行動をするかという「わけ」に取り組まない限り、根本的な解決はしません。なぜなら、これは「オレは他のやつより上だ」「オレは強いんだ」などという「自分を光らせたい」という欲求を満たす行動だからです。その欲求をまっとうな言動で満たす術を知らないからです。服装や頭髪を違反して「オレのほうが上だ」「オレは先公など怖くないぞ」などと同じ心理が働いているからです。この「わけ」の取組は①を参照してください。

「全体指導」によって注意されると、「やっぱりそうだな」と反省できる子は守るようになるでしょう。次の「個別指導」では、一部の崩れた子に同調しているような子を対象にします。さらに残った子が「わけ」に取り組む対象になるのですが、その子たちは既に様々な場面で乱れを示しているはずですから、この「チャイム問題」だけで取り組むわけではないはずです。

朝や帰りの会がおざなりになる

〈この問題をどう考えるか〉

ほとんどの学校は朝の会は5～10分しかなく、その時間に朝なら出欠席の確認や健康観察があり、さらに係や委員会などからの連絡もあれば、家庭からの回収物もあります。帰りの会も同じく、明日の授業の持ち物や宿題の確認、家庭への配布物などがあります。相当に合理的にやらないと、朝や帰りの会はただの連絡時間となり、連絡事項に直接関係のない子は、休憩時間のようになり、整然と進行することも不可能になります。この時間が整然とやることだけが目的になっては意味はありません。1日の始まりと終わりですから、どうあるべきでしょうか。

立派な教育書には、「朝の会は学級と個人のめあてを考え、1日の見通しをもたせ、帰りの会はどのような1日だったかを振り返り、明日からのめあてをもたせること」と書いてありました。およそ不可能な絵空事です。

私の経験してきた勤務校では学級によっては、騒然とした中で開始し騒然とした中で終わり、連絡さえ徹底されなかったり、中には廊下に勝手に出て騒いだりと、近くの学級にいた私は随分と悩まされたものです。

前項⑧に該当するような学級は朝と帰りの会はもちろんおざなりな対応です。もし、若い担任なら同僚教師が教えなければなりませんが、かなりの経験者の学級でもおざなりな状態の担任を多く見てきました。

私が勤務していた学校は大半が5分でした。授業時間の確保が優先され、早く1時間目を開始したいという背景がありました。この短い時間では先の教育書にあるような目標は、担任がただのお題目を唱えるだけか、強引に押しつけて自己満足で終わるかでしょう。また、少し荒れている学級や荒れ始めた学級で多いのは、朝、教室に着くやいなや「昨日はこんなことがあった。とんでもない！」などと説教をしたりします。

私は朝と帰りの会は連絡とプリントの回収と配布に徹し、できるだけ一瞬で終わる笑いでいいから、笑いから1日が始まるようにしました。学級の反省や目標は、1週間に1回ロングの特別活動（学級活動）でやりました。朝と帰りの会がおざなりになる学級は、結局ロングの特別活動ももてあましていたようですが、もったいない話ではありませんか。

L先生の朝と帰りの会の悩みは、ほとんど毎日のようにある子どもたちへの伝達事項の多

さです。特に生徒指導部長や学年の生徒指導係から子どもへの伝達事項として出される〝注意事項〟の山には疑問をもっていますが、対応策もなく困っています。

〈どう対応するか〉──〝笑い〟から始める1日──

仮に10分あっても、出欠席と健康観察、最低限の伝達事項でかなりが費やされるでしょう。ただし、ここは合理的にするために単純な会合の連絡や、持ち物や宿題などは教科係に事前に紙に書いて黒板の端に掲示するように習慣化させます。

生徒指導部などから伝えられる注意事項は、もちろん無視してはいけませんが、とても朝や帰りの会では指導は無理ですから、ロングの特別活動で行います。本当は学校全体でそうするとなおいいのですが。

毎朝、「規律だ！　規律だ！」と規律の大切さを説くのが1日のスタートであっては、子どもたちの側からすれば、「よし、今日は頑張ろう」とはなりません。それよりも1日のスタートは〝笑い〟から始めたほうがよほど健康的で、「学校は楽しい」と思うでしょう。

私自身は出欠席と健康観察、最低限のその日の放課後の連絡を済ませたら、残りはわずかですが、最後の1分から2分で終わる笑いのネタを披露して終わりました。もちろん、毎日とはいきませんが、週4日は心がけました。

〈普段からネタを収集しておく〉

では、笑いの〝ネタ〟を紹介しておきます。誰でも普段から集めておくとできます。まず、面白い〝話〟です。これはたくさんは集められませんが、担任の子どもの頃の傑作な失敗談、学級の子どもの失敗談（本人の許可が必要）、武勇伝などです。失敗談の逆の成功談はいけません。失敗談は「先生も、ドジだったんだ」と親近感が湧きますが、成功談は自慢話にしか聞こえないからです。もっと一瞬で終わるのは〝ダジャレ〟です。「カラスが声を枯らすまで鳴いていた」「しいたけをほしいだけ持って行きなさい」「チャイムが鳴っちゃいました」などという数秒のおやじギャグでいいのです。

ただし、どちらも普段から意識的に集めておき、ダジャレは朝教室に行く前に頭に入れておきます。１年間は同じものは使いません。私は約４００くらいもってます。

子どもの教訓的な成功談は、全く別の時間に紹介するのがいいでしょう。なお、笑いではなく、手品や小咄などであってもいいのです。

掃除をサボる子がいる

〈この問題をどう考えるか〉

これは⑧の学級には日常的に見られることです。これを放置したり軽視したりしていると、真面目に生活することが馬鹿馬鹿しくなり、ますます退廃的な雰囲気が蔓延してしまいます。

蔓延してくると掃除だけでなく、係や日直の仕事もいい加減になり、さらに拡大すると学級行事や学年行事にも真面目に取り組まなくなります。ですから、担任はこのような学級の体質を変える指導力を養わなければ、長い教師生活をやっていくことはできないでしょう。教師の指導力がなくても、子ども自身の力で規律をつくり、学級に引き締まった規律ある環境を確立するという、理想的な学級は自然に放置した状態ではとても望むことはできません。

掃除サボりをなくすことに熟達した教師は、きっと「学級崩壊」や「荒れる学級」とも格闘できるでしょう。

中1のM子先生の学級は、いつも掃除をサボる子が数人います。指導はしているのですが、いろいろ言い訳をしてサボります。最近では、他の子たちから苦情が寄せられ、「M子先生じゃだめだ」と真面目な子どもからもだんだん信頼されなくなってきました。

〈どう対応するか〉―掃除サボりを把握するシステムをもつ―

この種の問題の対応は基本的には⑧と同じだと思ってください。学級で起きる様々な問題（特に生活上の乱れなど）に、それぞれ全く別の対応方法があるわけではありません。つまり、「よく観て、根っこを探す」（↓「手引き」⑪）ことが基本です。

ただし、担任は掃除サボりは誰がサボったかがわかるシステムをもっていないといけません。担任が常に開始から終了まで掃除を全て一緒にやれるならいいのですが、中学校などはいつもいつもそうはいかないはずです。時には忙しくて最後の点検にすら行けないこともあるでしょう。

掃除を〝サボる〟のサボる中身を確認しておきますと、ⓐ初めから参加していない、ⓑその場所にはいるが全くやっていない、ⓒはじめは数分いて、終わりだけは戻ってきているが、時間中は他の場所で遊んでいるかしゃべっている、などです。

そこで、よくサボる子を観ます。ⓐ～ⓒのどのサボり方なのかを知りたいからです。それによって「叱り方」のニュアンスが違うからです。ⓑの子に単純に「サボってはいけない」と叱ったら、もしかすると「サボっていない。いたのに疑われた」と否定するかもしれません。ⓒの子に「君は掃除はどうしたんだ」などと叱っても、平然と「いましたよ」と開き直るかもしれません。無用な言い合いは意味がなく、「あっさり、ばっさり」と叱るためには担任の目で確かめた情報が必要なのです。

〈「根っこ」を探そう〉

よく観たら次に〝根っこ〟を見つけます。ⓐなら本人に理由を聞きます。「部活動に早く行きたかった」「今日は用があって早く帰らなければいけなかった」などと何か理由を言うでしょうが、内心は非を認めていることが多く、理由はとんでもないが指導は簡単です。これこそ「あっさり、ばっさり」と「ダメです。やむを得ない理由があれば、免除されることがあるのですから、無断でサボってはいけません」と言えばいいでしょう。

ⓑの子の根っこは、例えば、掃除のやり方を知らない、地味なことは嫌う、その掃除グループに仲のいい友達がいて一緒に遊びたい、など実に様々な理由です。その理由が根っこですから、やり方を教えてさせてみる、教師がその子と3日間ほど一緒にやりほめる

（地味なことは面倒でもほめられると誰でもうれしい心理を経験させる）、仲のいい友達に「ちゃんとやってから遊ぼうよ」と言ってもらう、など具体的な対策が思いつきます。

ⓒの子の根っこは、空白の時は何をしているかです。最初と最後だけは必ずいるということに着目します。部活動に行くわけでもないし、帰ってしまうわけでもないのですから、必ず何か理由があるのです。その理由が根っこです。例えば、部活を待つ子と遊んでいる、他の学級で仲のいい子としゃべっている、など。そこでその子たちに指導します。

こういうことを教師は面倒がったり、何かすぐに解決するような安直な方法を求めたりしてはいけません。指導とは具体的で面倒なものなのです。

なお、掃除指導の3つのコツ（➡「手引き」⑫）は人数分の道具があること、手順をパターン化すること、その手順を分担することで、学級で1時間使って全体指導をしておきます。

それでも掃除をサボる子は、私は保護者に相談します。「たかが掃除！」に保護者と相談までするのか、と思ってはいけません。「たかが掃除！」を徹底できなければ、それを上回る乱れや荒れに対応できる教師には、とてもなれないことは明らかです。保護者には「たかが掃除！」ではないことを訴えて大切さを説きます。地味なことを嫌う子どもになっては勉強も部活動も成果は期待できません。通常の保護者はみな協力を惜しみません。

⑪

教室がいつも汚い

〈この問題をどう考えるか〉

若い頃に先輩教師に言われたことがあります。「教室をいつもきれいに保つことができるようになったら、担任は合格だ」と。それは簡単なことだろうと思っていたら恐ろしく難しいことでした。「校内暴力」期の特に「荒れた学校」でしたので、ゴミはそこら中に捨てられ、配布されたプリントは片っ端から破り捨てられ、昼食時にはおかずが床やベランダの外へと投げ捨てられ、廊下や教室の掲示物も無惨な姿で垂れ下がっていました。掃除の時間はほうきで遊ぶ者やサボって逃げ出す者が多く、掃除中でもまるでおかまいなく、他の学級の生徒が入り込みじゃまをします。まるで戦争状態でした。「きれいに保てたら担任は合格だ」という意味がわかりました。

教室を常にきれいに保つには、生徒指導の指導力が全部問われるからです。教師が見ていなくても自らの意思で汚さない、掲示物が剥がれたら直す、などというまっとうな感覚や価値観がないときれいには維持できないからです。

「荒れはゴミと共にやってくる」のです。荒れている学級は必ず汚く、荒れているけれどきれいな教室というのは見たことがありません。この退廃的な雰囲気は〝荒れ〟ている時の精神的荒廃と共通しているからでしょう。担任として重要な仕事であり、生徒指導の力をつけるチャンスでもあります。

N先生の学級はとにかく汚いらしいです。放課後には掃除しますからきれいになりますが、翌日の2時間目の終わり頃にはゴミが落ちはじめ、昼休み後にはもうゴミが散乱します。黒板は粉だらけ、床は昼食時にこぼしたお茶、教室の後ろには破り捨てられたプリント、ロッカーからはみ出したゴミ。授業に行った教師からも苦情が出る始末です。

〈どう対応するか〉―愛着のもてる学級経営を―

まず、N先生の汚い教室に対する〝感覚〟が問われるのですが、経験上、教室が汚くても何とも思わない先生はいくらでもいました。そういう教師は他の先生のきれいな教室を見てもその違いに気づくことはありませんから、誰かが教えなければ通常はその感覚はずれたままでしょう。しかし、ここではN先生はまともな感覚をもっている先生として話をすすめます。つまり、どうにかしたいと思っているが、うまくいかずに困っているということです。

教室をきれいにしておくには、担任がいくらこまめに掃除したり、ゴミ拾いをしたりしても限度があります。教室に担任がいないのが普通ですから、子どもたちの中にきれいにしておきたいという意識を育てる以外には方法がありません。

その意識が育つ基盤はいい学級をつくることです。そのことに力を入れないで「きれいにしなさい」と説教しても真面目な子にしか効き目はありません。人は愛着のある物や場所は、きれいにしておきたいものです。学級に愛着や居場所がなければ、教室をきれいにしておこうという意識はなかなか育ちません。

愛着のある学級とは、そんなに難しいことではありません。まず、楽しくて笑いのある学級とでも思ってください。子どもが学校に行くのが楽しいと思わない限り、どんなに高い目標を掲げても実現は難しいからです。次に行事や学級活動で活躍できる機会があるかどうかです。行事や学級活動があれば、子ども同士がかかわる機会が増え、そのかかわりの中で他の子どもから認められたり、自分が学級で必要とされたり、役に立ったりすることによって、居場所を実感していくのです。

このような学級経営が基盤にあれば、担任が「きれいにしなさい」と説教すると少しは効き目もあるでしょう。なぜかというと、きちんとした学級経営をやっている担任は、通常〝好かれて〟〝尊敬されて〟いるからです。指導の入る教師と入らない教師の違いはここが違うのです。

しかし、そんな教師にはそう簡単にはなれませんし、まだ出会って間もない4月や5月ではとても無理でしょう。

〈「やって見せる、一緒にやる、させてほめる」〉

そこで学級をきれいにしておくコツそのものを身につけておくことも必要です。

私が必ず4月に始めるのは、「やって見せる、一緒にやる、させてほめる」という方法です。この手法は（↓「手引き」⑬）子どもに何かを定着させたい時には、いろいろな場面でも通用します。

まず前日の掃除をきれいにやります。翌日の朝、教室にはゴミ一つ落ちていない状態から1日を始めます。そして、ここからは「よく観て、『根っこ』を見つける」です。1時間目の休み時間に自分の学級に寄って教室を見ます。もし、さっそくゴミが落ちていたら、オーバーに「誰ですか！こんなものを床に捨てて！」などと叫んで、拾ってゴミ箱に捨てます。ゴミが捨てられて増えていく「根っこ」がこの最初のゴミです。ここを見逃すとゴミは増えて、やがてどうでもいいという空気が蔓延します。これを毎時間2週間ほど続けて、ある日「○○さん、手伝ってくれる？」と言って一緒にやります。大半の子は「僕が落としたゴミじゃないです」と言って嫌な顔をします。それでもこれをまた2週間ほど繰り返していると、子どもたちのほうが「しつこい先生だ」と思いながらも、諦めて一緒にやってくれるようになります。最後の仕上げは、「先生急いでいるから、○○君掃いてきれいにしておいて」と子どもにさせます。次の休み時間に帰りに寄って「○○君ありがとう。きれいだよ」とほめます。時には帰りの会でもほめます。

子どもに言っても文句を言われるだけで、やってもらえないだろうと心配な先生は、やってくれる子に最初は頼めばいいのです。まさか、そんな子が1人もいないということはないでしょう。この3つのステップは長くて約1カ月程度ですが、やがて子どもたちはゴミに敏感になり、落とさなくなります。

そして帰りの会や学級活動の時間などに「きれいだと気持ちいいね」とほめます。きれいな黒板にしておくのも、机・椅子の整頓も、およそ何かを教える時やしつけ的なことには通用する基本的な原理だと思ってください。

クラスのＬＩＮＥグループで悪口を書かれて外された

〈この問題をどう考えるか〉

「ネット上のいじめ」による自殺は相当数あります。根拠のない中傷・誹謗が書き込まれ広められたり、友人だと思っていたらＬＩＮＥグループから外されたりして、自殺するケースはとても多いです。

しかし、多くの研究者も指摘していますが、大切なことはＳＮＳやネット上のいじめは、現実の学級や人間関係を反映したものであることです。つまり、リアルの世界では全くいじめがないのに、ネット上だけで起きるということはほとんどありません。もし稀にあったとすれば、それはおそらくネット上の架空の人物（それは多分、実在しない虚偽の人物）との間だけのトラブルでしょう。これは利用しているＳＮＳから撤退することによって通常は防げます。ですから、実際にあるネット上のいじめは、被害の一部であってその裏には学校での膨大な嫌がらせ行為（いじめ）が背景にあると思って間違いありません。そのため昼間は現実世界で、家に帰ってもネットの世界でいじめに苦しめられることになり、耐えられなくなるのです。

これらのことは教師に次のようなことを教えていることになります。次々と進化（？）し多様化してくるSNSにただ詳しくなるだけでは、子どもたちの世界で起きるトラブルには対応できないということです。ここでも現実世界のトラブルを解決する生徒指導の力をつけない限りだめだということになります。

O先生はネットはあまり得意ではありません。以前から、Pさんの保護者から何度も相談がありました。夜は携帯を離さずSNSで「いいね」をもらうことに熱中している、SNSで知り合った人とのトラブルもあれば、学級のライン仲間から悪口が書き込まれたり、グループから外される騒動も何回かありました。最近では登校を渋るようになり、保護者は困っています。これまでも相談にのってきましたが、すっきりと解決できませんでした。O先生は対応に不安を感じています。

〈どう対応するか〉―リアルな人間関係の反映―

私の現職時代は学校裏サイト、ブログ、プロフくらいしかありませんでしたが、今やいったい何がどう違うのか、わけのわからないものがたくさんあります。ライン、フェイスブック、ツィッター、チャット、インスタグラムなど。そういえばミクシィとかグリーというのもありましたが、あれはどうなったのだろうか、などというレベルですから、ついていけません。ある県の教育委員会主催の研修会にいったとき、私の講演の前が「ネットいじめ」というテーマの研修会でしたので、ついでに聞かせてもらいました。講師はネットに詳しい専門家で、様々なネット上のトラブルを解説していました。これはこれで私は勉強になりましたが、一つの疑問は「ネット上のいじめ」はリアルな学級や人間関係を反映しているのですから、いくらネットに詳しくなってもいじめは解決できないということです。

しかも、トラブルが起きるSNSやネットの進化（?）や多様化はあまりに早く、たとえそのしくみがわかっても、その頃には次の新しいものが現れます。私のようなアナログ人間にはとてもついていけません。多分、O先生以上に無知です。

SNSやネット上で起きるトラブルは大別して3つあるようです。

ⓐ友人とのトラブル、ⓑ知らない人とのトラブル、ⓒルール・モラル・マナーを守らなかったために、本人が起こしたトラブル。このうちのⓒは、ⓐにもⓑにもあります。

Pさんに対するいじめは、ⓐだと思われます。ⓑやⓒは「情報モラル教育」の一つとしての啓発活動で、ネットの落とし穴を教えればかなり防ぐことができます。そんなに詳しくなくても大丈夫です。同僚にはきっとネットに詳しい先生が何人かはいるはずですから、しくみや技術的なことは教えてもらえば十分です。それよりも肝心なことは現実の学級でPさんはいじめにあっていないか、という事実をきちんと調べることがまず最初にすべきことです。ここが一番のポイントです。具体的には本章の②③④⑤のいずれかでしょう。

〈人間関係を広げる〉

実は啓発活動をしてもネットトラブルがつきまとう子がいます。加害者にも被害者にもネットに頼る心理、依存する心理があるからです。Pさんはこれまでにもネット上のトラブルがあったようですから、ややネットへの依存が強いように思います。

Pさんが SNS で「いいね」をもらうことに執着したり、SNSなどで友人をつくりたがるのも、「承認欲求」を満たすためと考えられます。現実世界ではうまく人間関係をつくれず、ネット社会にそれを求めているのでしょう。

Pさんはネット上の人間関係だけでなく、もっと現実の世界の人間関係を広げることですが、今のグループから離れても自分の居場所があるかどうかです。なければまたネットに居場所を求めるだけになります。

人はいくつもの居場所をもっているのがいいのです。つまり、人間関係を広げるということです。しかもネットよりも安全・安心な現実の世界に居場所をいくつももっていることです。一つ失ってもまだあれば人は孤独に陥ることはないからです。家庭は最も重要な居場所の一つです。居場所があると、人の弱点である孤独から逃れられ、他人とのかかわりの中で「認められたり」「必要とされたり」「役に立ったり」することによって、自分の存在価値が確認できるからです。教師もそうやって大人になってきたのですが、そのプロセスは恵まれた環境の人こそ無自覚に経験していますから、Pさんのような子は手のかかる厄介な子ということになってしまいます。

大方の教師は子どもの頃、周囲の環境にも恵まれ居場所を容易にもつことができたのと比べ、居場所ももてず自分の存在価値を見い出せずにさまよう子どもたちがいることを理解しておかなければいけません。Pさんはそのような子どもの1人なのです。Pさんのような子どもはだめな子ども、手のかかる厄介な子どもという見方をしていては適切な生徒指導はできません。

Pさんの場合、その家庭に居場所があるかどうか、学校や学級に居場所があるかどうか、仲間の中に居場所があるかどうかです。教師は学校や学級に居場所をつくる援助をすべき直接の責任者なのです。

授業中に手紙を回す子がいる

〈この問題をどう考えるか〉

授業中の手紙回しは、昔から小学校高学年から高校生にまでありましたが、する子は常に決まっています。ただし、学級崩壊のクラスや「荒れている学級」では、数人ではなく多人数に広がり、やがて勝手な行動が始まり授業は崩壊します。ですから、手紙回しは侮れません。単にその子の学習が遅れる問題として対応してはいけません。

子どもが起こす問題には、深い「わけ」がある場合が多く、その「わけ」をつかんでその「わけ」に取り組んで指導するのと、「わけ」をつかむことなく指導するのとでは、およそ結果は違ってきます。後者の場合は厳しく叱責することが中心になってしまいます。

休み時間になれば堂々と話せるのに、なぜ授業中なのでしょうか。その子の独自の理由もあるでしょうが、友人関係に何かが起き、このままでは破綻するかもしれないというせっぱ詰まった理由が背景にあります。だから、もう休み時間まで待っていられなく、授業中でもそのことで頭の中は一杯なのです。それほど今の子たち（もちろんみんながではなく、一部の子たち）にとって、仲間集団を失うかもしれないという危機には敏感です。「なぜ、わざわざ授業中にするのだろうか」と疑問に思って、直接子どもたちに聞いてみると、意外とこちらも「なるほど、そうなんだ。それなら授業中でもするかも」などと思わず納得（？）してしまいそうです。

校内でアメ・菓子類を食べるのとも似ています。まさか今どき、お腹が空いて空腹を満たすためなどという理由はありません。もし、本当にそうなら保護者に連絡をし、「これからは必ず朝ご飯を食べさせてください」とでも頼んでおけば解決するでしょう。アメ・菓子類を持ち込み配るのは、友達としての確認行動のようなもので、もらって食べる子も「私はあなたの仲間よ」という確認なのです。手紙を回すのも「あの子は私の仲間だ」という確認行動です。

些細な言動や理解しがたい言動の背景には、案外と「そういうことなのか」という「わけ」があるものです。

社会科の時間に手紙を近くの子に渡しているQさんに気づいて注意しましたが、実はQさんは常習でした。連絡をもらった担任のR先生は指導をしますが、他の教科でもよくあり効果がありません。Qさん以外にも見つからないようにやっている子がいるようです。

〈どう対応するか〉―手紙回しにも理由がある―

手紙回しの〝罪〟は本人だけで終わらないことです。授業中ですから、手を伸ばせば届く周囲の席でなければ、隣の子からさらに隣の子に渡すということになり、さらにその返事までが戻ってきたりして、繰り返されると何人もの子たちが巻き込まれます。巻き込まれると集中できませんが、断ることは難しく毎回続きます。

そこで断る練習（？）をしておきます。人は突然予想もしないことに出遭うと戸惑いますが、事前にシミュレーションをしておくと案外とうまくいきます。隣の子が紙きれを「○○さんに渡して」と言ってきたら、渡された子は思い思いに「嫌だよ」「だめだ」などと遊びのようにやります。本当にその場面に出遭った際に、この時のシミュレーションが蘇るからです。冗談のような「断る勇気」の育て方です。

もし、本人に手紙を回すほどの深い理由がなければ、発見されて叱られたり、隣の子に一度でも断られると一過性のもので終わるものです。

しかし、そう簡単にはいかない子がいるから厄介なのです。さらに巧妙化していくからです。常習的にやる子は、もちろん学習には興味を示さず、かなり荒んだ生活をしている場合がほとんどですが、不安定な友人関係を抱えている時に特に多いという傾向があります。

〈友人関係の不安定を反映〉

友人関係にトラブルを抱えると、⑫でも述べたようにそこにしか居場所のない子は、必死になって失わないようにしますから、授業に集中するなどというのはどうでもよくなります。「なぜ、あの子は私の悪口を言ったのかしら」「私、何かしてしまったのだろうか」「どうすれば修復できるだろうか」などと次々と不安にかられ、例えば「(グループの)あの子に聞いてみよう」「私のことを何と言っていたのか聞いてみよう」などといった理由で手紙が回されるのです。

この時に教師がどんな説教をしても聞く耳をもっているわけがありません。むしろ、友人関係の異変に気づいたら、じっくりと相談に乗ることです。すぐには解決しなくても、現在の友人関係の不満を吐き出しただけで落ち着く場合もあります。この友人関係でやっていくことが不可能だとなれば、現在の友人関係から脱けて学校生活を送るしかありませんが、それは本人の決めることです。

もちろん、経過も含めて保護者と相談もしなければいけません。

⑭

授業中、頻繁に保健室やトイレに出入りする子がいる

〈この問題をどう考えるか〉

１９７０年代後半から80年代の「校内暴力」期に、「校内徘徊」という頭を抱えてしまう問題がありました。「徘徊」というのは文字通りの意味で、授業中であっても目的もなく校内をうろつくことであり、闊歩するというほうが適切かもしれません。「徘徊」が始まることは、学校全体が大きく荒れる前兆でした。

徘徊はある日突然起きるものではなく、前兆があります。その代表的なものがこの「授業中の出入り」なのです。この前兆も、ある日突然起きるのではなく、例えば「トイレに行かせてください」「喉が変なのでうがいをしたいから、水飲み場に行ってきます」「頭が痛いので保健室に行かせてください」などという認めざるを得ない理由から始まって、いつのまにか常態化していきます。このような「保健室」「トイレ」「水飲み場」のような理由であれば、教師側も「最近多いな」と思ってもなかなか禁止できません。

実際、正当な理由の場合もありますから、認めて当然です。また、頻繁かどうかの判断

は相当に神経を使って常時チェックしていないとわからず、どの学校もそのチェック体制に面倒な手続きをつくって対処しますが、その間隙を縫って崩され常態化します。このレベルの「校内徘徊」は、本書の第2章⑧と第3章①を参照してください。ここではそうなる前の、まだ主として担任や教科担任の個々の教師が対応する段階の対応について述べます。前兆段階の対応と完全に「校内徘徊」に至った時の対応はかなり違うからです。

S先生は経験年数も少ないためか、最近あまり経験したことのない出来事に困っています。T君は音楽や国語などのいくつかの授業で、「トイレに行かせてください」「朝から調子が悪いので保健室に行ってきます」などと言って、頻繁に行くようになり、戻ってくる時間もだんだんと遅くなってきました。どうも女性教師の授業が多いようです。もちろん、T君には指導もしましたが、正当な理由がある以上は「今後はだめです」とも言えず、これまでの対応を続けていいものか迷っています。

〈どう対応するか〉—学年主任や係に報告し相談する—

通常の学校、特に中学校では授業中に保健室に行くのには、それなりの手続き（チェック体制）をへて許可するようになっています。保健室から荒れていく経験をしたことのある学校や教師であれば、重視する指導項目の一つですが、その経験がないと曖昧な体制で見逃すことになります。今は落ち着いた学校であっても、保健室が溜まり場化し荒れていくきっかけ（↓第3章⑥、「手引き」⑭）になりますから、学校全体で教師も子どもたちにも徹底しておいたほうがいいでしょう。

「校内徘徊」につながる前兆にもかかわらず、教師側の体制がバラバラであると正確に把握できないことになるからです。例えば、同じ時間に3つの学級から、子どもが保健室に別々に来れば当然そこには集団ができます。もちろん、体調が悪いという子どもが何人いてもそこは保健室ですからいいのですが、違う目的で集まっている場合ならもはや荒れていく前兆になっていきます。

したがって、多くの学校では定期的に保健室をパトロールしたりしますが、その隙を縫って子どもは集まります。なぜ、間隙ができてしまうのでしょうか。それは情報の集め方です。

この「保健室問題」をはじめは担任が把握した段階で取り組み、状況をみながら溜まり場になるようなら次に学年で取り組むという2段階制をとるからです。これでは多くの教科担任、時には違う学年の先生の授業、そして全ての時間などとなると、とても正確な情報の把握はほぼ無理だからです。気がついた時には手遅れということになってしまいます。授業中の「保健室」「トイレ」「水飲み場」通いは、相当神経を使って正確に把握し、学年主任や学年の生徒指導係に報告し、対応策を具体的に検討しなければいけません。

私は現職のとき、臭いトイレに溜まりはしないだろうと思っていたら、溜まり場化したことがあります。最近のトイレはとてもきれいですから油断すると溜まり場になります。

〈早急に保護者と相談し「わけ」を探る〉

さて、肝心の対応ですが、私の場合は保護者から「体調が悪いが登校させました」という連絡がない限り、数回あったら迷わず保護者に連絡をとります。

例えば「最近、よく保健室に行くのですが、大丈夫ですか。今日は2時間目に保健室に行きましたが、体調が悪いようです」「今日も保健室に行きましたが、病院で診てもらいましたか」「最近授業中にトイレに行きたがるのですが、病院で診てもらってはどうですか」などと、本人の言っていることが本当であることを前提にして連絡をすればいいのです。もし、虚偽の理由であれば、通常T君の保護者は驚き本人と話をするでしょう。そして、ここからはその「わけ」を探ることになります（↓「手引き」⑤）。

その「わけ」は、およそ次のようなものでしょう。

ⓐ学習が遅れていて理解ができず授業に耐えられない状態のため。
ⓑ特定の教科担任とうまくいかず、反発しているため。
ⓒ学級で人間関係がうまくいかず、教室にいたくないため。
ⓓ授業に出ないことで「俺は人より上だ」と示し、一目置かれた存在になりたいと思っているため。この場合は、ほぼ「校内徘徊」に直結していく可能性が大きいです。

ほとんどの子は複数のわけをもっています。ⓐは理由はわかっても簡単には解決できませんが、家庭学習の仕方などを教え、保護者の協力ももらいます。ⓑはうまくいかない理由を教科担任の教師と相談し、最終的には話し合いをすればほぼ解決できます。

ⓒはもつれた人間関係を解きほぐす取組に入ります（↓「手引き」⑦）。

ⓓは「わけ」に取り組むと同時に、これだけでは「校内徘徊」「荒れる学校」を防ぐことはできません。「校内徘徊」を想定した取組（↓第2章⑧、第3章①）をすることになります。

⑮

授業によく遅刻して来る子がいる

〈この問題をどう考えるか〉

授業に頻繁に遅刻して来る子がいます。頻繁に繰り返す子は、ただ叱っただけでは改善されることはまずありません。それには「わけ」があるからです。私自身が経験してきた理由をあげてみます。

ⓐ休み時間は別のクラスにいる仲のいい友人とそのクラスで一緒に過ごし、チャイムが鳴ってから自分の教室に向かうので、ほとんど遅れて来ることになります。

ⓑ学級の他の子と人間関係にもつれがある場合です。休み時間になって教室にいると嫌でもその子と顔を合わすかもしれません。避けるために授業の終了と同時に教室の外に出て、開始のチャイムから少し遅れて入れば、顔を合わすことはありません。

ⓒ単にだらしがなく、遠く離れている所で遊んでいて、チャイムが鳴り終わってから教室に向かう場合です。

ⓒは厳しく注意し、休み時間は間に合わないような遠く離れた場所にはいないようにす

ればなくなるでしょう。ⓐとⓑは人間関係が背景にあるため、そう簡単ではありません。

Uさんは頻繁に授業に遅れて来ます。担任の先生も教科担任の先生から連絡を受けるたびに話をするのですが、いっこうに改善されません。30秒ほど遅れて来るくらいですから、大きな問題ではないと思いますが、このままでいいものなのか迷っています。

〈どう対応するか〉―よく観る―

Uさんの場合は30秒くらいだからという理由で、このままの状態を放置できません。しかも、再三の注意にかかわらず繰り返しているのですから、もしかするとその背景にはもっと深い「わけ」があるかもしれません。その理由によってはもっと深刻化することも考えられます。そこで、Uさんの休み時間の行動を観ます。多分、授業の終了とともに教室を出るはずですから、遠目に観ていればわかることです。既に何度も述べていますが、ここでも「よく観て、根っこを見つける」ことが大切です。

もし、前述したⓐならば、休み時間の過ごし方を教えます。「Uさんの過ごし方だといつまでも授業には遅刻ですよ。あんな所から教室に戻って来るのでは」「相手の友達にもわけを話して過ごし方を考えましょう」などと。

　実は自分たちも、これではいつまでも授業には遅刻することに気づいているのです。どうにかしなくてはと思いながら相手のいる話ですから、決断できなかったのです。担任の先生に指摘されることによって、決断するきっかけにさせます。双方のクラスに戻れる所で会うか、チャイムが鳴る頃には教室に向かうなどと、具体的に決めさせます。「それでもだめなら双方の保護者を呼び相談します」と、譲ってはいけません。

　このⓐのケースは、友達関係が狭い子たちによくみられます。狭いだけにべったりとした関係があり、何から何までトイレにまで一緒に行くという具合です。この友達関係しかないという子にとっては必死に維持しようとしますから、授業に遅刻せずに行くことなど二の次になるのです。友人を失いたくないから、相手の言動に全て同調しますので、断ったり「今度からは、こうしようね」などということが言えないのです。場合によっては、2人に話さないといけませんから、簡単ではないのです。

　担任はダメなことはダメだと決して譲らないことです。「この先生は、言うだけだから大丈夫」「時々守っておけばどうにかなる」などと思われたら、担任としての生徒指導は何をやっても中途半端で終わるでしょう。落ち着いた学級をつくるには、こうした些細なことを見逃さずに積み重ねることです。ルーズな学級の担任は子どもたちからの信頼も薄くなるのは、よくあることです。

〈もつれた糸を解きほぐす〉

ⓑはよくあるケースですが、とても時間のかかる厄介な場合です。具体的には、「手引き⑦」の本や本章②で既に述べています。もつれた人間関係を解きほぐすしかありませんが、すぐにすっきりと解決というわけにはいきません。

しかし、それまでは授業に遅れて来てもいいというわけにはいきません。解決していなくても、授業には遅れて来ないことを要求します。

既に、②でも述べましたが、しばらくは互いに「つきあわない」「かかわらない」と距離を置いて生活することを提案してもいいと思います。担任としては一見、非教育的対応のように思われるかもしれませんが、大人社会ではよくある解決方法です。

その上で友人関係を広げて、いくつかの居場所をもてるようにすることができれば一番いいのです。狭い人間関係や一つしか居場所のない子は、それを失うともうなくなってしまうからです。

人間関係を広げたり、居場所をいくつももったりする機会は、やはり行事や学級活動などですから、担任の役割は重要です。

提出物を出さない子がいる

〈この問題をどう考えるか〉

みなさんは家庭に配布したプリントを締め切りまでに全員分回収するのに苦労していませんか。私は大変苦労しました。「お母さんがくれなかった」「テーブルの上に忘れてきました」「紙をなくしました」などと言い訳の山。締め切りまでに提出しない子は、約3割。その子たちに催促して集め直してもまだなかなか提出しません。その頃には次の配布物の締め切りが迫ってきます。

ある女性のベテラン教師のクラスは、いつも期日までにほぼ全員の分が揃います。そこで私はそのコツを聞きました。「諦めさせることです」（?）とひと言。詳しく聞くといろいろな言い訳を認めず、子どもの嫌う面倒な再登校で持ってこさせる、締め切りを過ぎても持ってこなかったら、家庭にまで連絡して翌日回収するという徹底ぶりです。最初に、これをしておくと、「この先生はしつこい。諦めよう」となって、ほぼ期日までに持ってくるようになるらしいです。なるほどと思い、私もやってみたら、効果は抜群でした。おかげで、家庭からの返信もすぐに集計して校務分掌の先生に報告し、面倒な実務から解放されました。

つまり、回収物は「初めが肝心で、しつこく要求し、逃げられないと諦めさせる」ことでしょうか。

V先生の学級はなかなか提出物が集まりません。一つの学級でも揃わなければ、校務分掌の先生は困ってしまいますから、いつも苦情を言われていますが、とにかくだらしのない学級だと嘆いています。再登校などで厳しく対処してもいいのですが、そんなことで嫌われたくないので迷ってしまうのです。

〈どう対応するか〉―諦めさせる―

学校生活では子どもたちは、教室の物を大切に使う、机・椅子をきちんと並べる、ロッカーはきれいに整頓しておく、ゴミはきちんとゴミ箱に捨てる、トイレはきれいに使う、などと実に多くのことが要求されます。しかし、「大切に」「きちんと」「きれいに」は子どもによって違います。これまでの家庭環境や保護者の価値観、しつけなどに大きく左右されるのでしょう。配布物の回収もそれに当たります。

そのため、この種のことを要求されても子どもの受け取り方は千差万別で、「いついつまでに提出してください」と言ったところで徹底されないのは当然なのです。真剣に受けとめる子は守りますが、「なんだ、そんなもの」と受け取る子は保護者の手元に届くかもあやしいのです。

この千差万別の受け取り方の子どもを前にして、ほぼ全員が守ることのできる話などとうていできません。だから、私はこのような学校生活での決まり切った約束事は、「諦めさせる」ことが肝心なのかもしれないと思っています。ここに膨大な時間や神経を費やすよりも、最初にしつこく要求し、のらりくらりとやっていても逃げられないと諦めてもらうことをやります。持って来なければ、その日のうちに再登校です。部活動の先生にも事情を言っておきます。それでも再登校で持ってこなければ、仕事の終了後に家庭に寄ります。人数が多ければ電話をかけます。ここまでやると子どもは「う〜ん、すごい」と諦めて翌日には提出します。次回からの効果は抜群です。

なぜ、こんなにしてまで徹底するのでしょうか。「あの先生はしつこい。一度言ったら諦めないぞ」となり、何事も徹底しやすくなるからです。多分、V先生はそれが中途半端なのでしょう。⑮の担任の先生にも同様の体質がありました。

このような体質の教師には共通した特徴があります。〝たかが配布物〟でそんなにうるさくしつこいと、子どもたちに嫌われはしないかと迷っているのです。しかし私は〝たかが配布物〟の回収の指導もできずに、もっと難しい問題には対応できないと思いますがどうでしょうか。嫌われるかもということの迷いには、どんな心理が働いているのでしょうか。

子どもにやりたくないことや厳しいことを要求すれば、教師と子どもの間には少なからず摩擦や対立が生じ、時には人間関係が破綻します。すると当然、指導は入りにくくなります。そのため、無意識に摩擦や対立を避けようとして、妥協したり認めたりしようとするため迷うのです。

〈真剣に面倒もよくみる〉

もし、「大切に使いなさい」「きちんと整頓しなさい」「きれいにしておきなさい」などということばかりにうるさい教師ならば、子どもたちに嫌われるかもしれません。みなさんも管理的な教師というイメージをもつでしょう。

しかし、心配はいりません。

優しくて物わかりのいい教師が、必ずしも好かれて尊敬されているとは限りません。一見、厳しくて頑固であっても尊敬されている教師はいくらでもいます。ですから、生徒指導や学級経営もうまくいっています。問題は優しいか厳しいか、物わかりがいいか頑固かということではありません。違いは真剣に面倒をよくみているかどうかです。

真剣に面倒をよくみるというのは、具体的には困っている子がいたら、すぐに対応する、うまくいかなかったら、諦めずにすぐまた次の手を打つ、子どもが相談してきたら、後回しにせず最優先して話を聞き、用意周到に対応策を練る、などという教師として本質的なことに真剣に取り組んでいるかということです。この当たり前のことをせずに忙しいから後回しにしたり、それは大したことじゃないからいずれは解決するだろうと様子をみていたり、そのような頼りにならない対応をするから尊敬されないのです。確かに子どもの世界には、そのうち時間が解決する問題や大きなことではない一過性で終わる問題などはたくさんあります。

しかし、それは後でわかることであって、その時々の子どもは不安でしょうがないのです。V先生に足りないのは、この〝真剣に面倒もよくみる〟ことだと思います。もし、そんなことがないなら、一時的に嫌われたり対立することがあってもいいから、思い切って厳しく諦めさせる指導もやってみてください。

蛇足ですが言うまでもなく、ひとり親家庭などのハンディを負った家庭の子どももやいわゆる「ヤングケアラー」には配慮が必要です。

⑰

スイッチやほうきが壊されたり、掲示物が破られたりする

〈この問題をどう考えるか〉

大きな破損ではないが、廊下や教室にあるスイッチが壊されたり、掲示物が破られたり、掃除道具の自在ほうきの柄が折られたり、壁に落書きをされたり、などと小さな破損行為があります。一つひとつをみれば、そんなに激しい大きな破損ではありませんが、とても嫌な雰囲気です。しかも、この種の問題は誰がやったのかを特定することが難しく、ほぼわかりませんので指導にも困ってしまいます。

こういうことが長く続く場合は、退廃的な雰囲気が蔓延してきたと考えていいと思いますから、放置したり自然に収まるのを待っていたりしていてはいけません。言うまでもなく、この退廃的雰囲気はいろいろな問題行動としてまもなく大きな問題になって現れることは、ごく常識的なことです。

なお、破損行為にもいくつかの段階と意味がありますので、まとめておきます。

ⓐついうっかりという偶発的な破損

ⓑ意図的な破損。担任への反発（以上の二つは本項目）
ⓒ学年の教師たちへの反発と挑発（第2章⑪）
ⓓ大きな破損行為。学校に対する挑発や嫌がらせ（第3章③）

最近、W先生の学級でいろいろな破損があり、少し心配しています。もちろん、学級で朝や帰りの会で呼びかけて訴えていますが、名乗り出る者もなく悩んでいます。

〈どう対応するか〉―うっかりなのか、意図的なのか―

この問題に対応する時に、最初肝心なのは〝うっかり〟やってしまった際の対応です。子どもの世界では、うっかり破損してしまったというケースは必ずあります。例えば、本当は禁止されていた教室内で野球ボールを投げて遊び、うっかりガラスを割ってしまったという場合はどうでしょうか。学校によって対応は全く違いますが、一般的には教室でのボール遊びは禁止行為ですから、このボール遊びは咎められますが、割ってしまったのはうっかり行為です。私が勤めていた学校は、禁止行為で破損したら全額弁償の学校もあれば、うっかり行為なので弁償は必要ないとしていた学校もあれば、うっかり行為でも禁止行為だったので半額弁償の学校があったりといろいろでした。

これは悪質で意図的な破損行為と区別するための苦肉の策です。この時期の子どもたちですから、救済策があるのは当然です。〝うっかり〟は認めてやらなければ子どもたちには酷でしょう。そこで「うっかりなら、名乗り出なさい」というルールをつくっておき、実際に名乗り出たら「えらい！　よく名乗り出た。遊び場所を今度から考えなくちゃね。以上、終わり！」などとやるのです。もし、ルールを知らない子ならば、面食らうでしょう。次からは名乗り出ない破損は意図的な破損と考えればいいのです。

W先生のように朝や帰りの会で呼びかけて訴えるのはいいのですが、これで破損行為がなくなると思ってはいけません。

〈子どもと一緒に直したり、「修理隊」を組織する〉

では意図的な破損行為にはどう対応しますか。一番多いのは、「子どもたちに気づかれないうちに、直してしまう」という対応です。つまり、ひそかに直し何事もなかったかのようにしてしまうということです。真似をする者が出るから、こういう行為があるのを見せたくないから、という理由ですが、「寝た子を起こすな」ということです。この対応は基本的には効果はとても薄いのです。ひそかに直してしまうのは人権にかかわる破損のみです。例えば、個人名をあげて中傷する落書き、廊下に掲示した集合写真や作品などで特定の子がねらわれて顔に画鋲を刺されたり、破られたりする場合です。

この種の意図的な破損行為は背景に担任や学校への反発があり、ひそかに直してしまうと、不満をもった子は「あれっ、この先生、困っていないや。またやってやろう」となる場合があるからです。逆に学級の全員に向かって、烈火の如く怒り厳しく説教したり、「名乗り出なさい。見た者は教えなさい」と言っても効果は薄いでしょう。やった子は「相当に腹を立てているな。おもしろい、またやろう」と思っていることが多いからです。

W先生に必要なことは、1人で怒ったり困ったりするのではなく、他の子どもたちと一緒に直す（修理する）行動を組織することです。例えば、臨時の「修理隊」や常設の「修理係」をつくって、一緒に楽しく直すのです。放課後に廊下や教室で堂々と楽しそうに、大工仕事をやるのを見せます。すると、やった本人は「なんだ。あまり困ってないや。楽しそうだよ」と思い、当てが外れるでしょう。もちろん、この修理をする子は勉強はだめだが、こういう仕事は好きだ、得意だという子が最適です。荒れた学校に勤めていた時は、私はもっぱらこの作戦でした。時には、やったと思われる子が修理中の子から「お前も手伝えよ」などと誘われ面食らっていました。さらに、子どもたちが修理しながら「誰だよ、壊すやつは。やめてくれよな」などと大声で怒るのも効果的です。

⑱

席替えの不満が多く出る

〈この問題をどう考えるか〉

座席配置は子どもにとっても教師にとっても、いろいろな意味のある重大なことです。少しも大げさではありません。「あいうえお」順の座席から始まった中学1年生の時の座席で、偶然に前後になった佐藤さんと佐伯さんは一生の友達になったり、逆にいじめっ子と並んでしまった子は不登校のきっかけになってしまったりと良くも悪くも座席配置は重大です。

座席配置には子どもたちから不満が出るのは当然です。今の子どもたちは人間関係がとても狭くて閉鎖的ですから、誰でもいいのではなく、特定の子の近くになりたいと思うのです。そのため、席替えにはとても敏感で、「あの子の座席はいつも周りに友達がいるのに、なんで私はいつもいないのか」、逆に「なんであの子の近くなのか」などと不満が出ることがあります。

時には、納得のいかない子の保護者から、担任に直接連絡がくることもあり、担任としては困ってしまいます。
全員が納得できる座席配置はあり得ませんが、少しでも子どもたちが納得できる座席にするにはどうすればいいのでしょうか。

X先生の学級では2カ月に1回程度を目安に、節目節目で席替えをしていますが、とにかく不満が多く出て、最近は席替えが憂鬱です。強引に決定してもいいのですが、その後の担任との人間関係や、不本意な座席になった子どもと周りの子との人間関係などのトラブルを考えると迷います。

〈どう対応するか〉—最初に座席のあり方を徹底する—

どんな席替えをしても不満が出るのは、座席のあり方（原則）が子どもの中に徹底していないからです。自分が気に入らなければ不満を表明するというのでは、決まることはないでしょう。まず最初に座席のあり方（原則）を話すといいです。

ⓐ君たちが安心してよりよい生活ができるようにするために、定期的にやるものですから、特に健康面を優先して座席を決めます。

ⓑ「好きな者同士」にはしません。

ⓒ君たちの学習環境を守るために、私語の多い座席は変更します。

以上のことは、私の座席のあり方原則でしたが、担任の権限だと思っていますから絶対に譲りません。決して、子どもに任せてはいけないのです。嘘のような本当の話ですが、私は現職時代に少なからぬ例として、この原則のいくつかを子どもたちに奪われてしまった学級がありました。特に、「学級崩壊」のクラスや「荒れる学級」ではよく起きていることなのです。もちろん、授業中は私語の山となり授業崩壊そのものになっていました。

このことが「昼食の座席」にも波及すると、昼食時間は好きな者同士で楽しく食べている一方で、そのグループに入れてもらえなかった少数の子たちは、グループから離れた所で「あなたたちは友達のいない子よ」と晒されながら毎日、個々で食べているのです。何とも残酷な昼食ではありませんか。やがて不登校にも発展します。

２０１０年に群馬県桐生市の小学6年生の少女が自殺した事件は、この昼食時の座席に耐えられなくなったことが一つの原因になっています。同じ年には、横浜市の私立女子高校で別々の中学校からきた、1年生の同級生が席替えをきっかけに隣の子を刃物で刺すという傷害事件が起き、「席替えで傷害事件」が起こるものなのかと衝撃的でした。背景には人間関係のもつれがあったようです。

X先生は「たかが座席」と軽視せずに、どのような座席配置がいいか、どのような話をすればいいかについて研究することです。

〈子どもの組織に委ねる〉

では、実際の決め方を述べましょう。

「くじ引き」「あみだくじ」「じゃんけん」という方法がとられることが多いですが、よくありません。これらは「運」で決めるものですから、「運」が悪ければ、先のⓐやⓒは保障されません。不満があれば、『運』が悪かったのだから、仕方がないでしょう」と諦めさせるための方法でしかありません。これでは子どもの教育力を引き出すことはできません。最近では「席替えソフト」なるものまであるのですが、これもソフトに任せるという点では「運」で決めているのです。

ところで、私の若い頃の経験ですが、このような「運」で決めた座席はほとんど私語の洪水となります。なぜかと言うと、私語の常習者が2人か3人ならば運悪く近くになることは確率的に少ないでしょうが、5人も6人もいると誰かと近くになることが多く、私語は免れません。

それではどんな方法の座席決めが子どもの教育力も引き出せて、先の3つの原則を守ることができるでしょうか。いろいろあると思いますが、私は学級の組織に3つの原則を守ることを前提に子どもたちに委ねていました。放課後に学級委員、班長など7～8人で座席の原案をつくり、最後に私が健康面などの情報を考えて確認をします。

この方法は子どもたちにとって比較的納得のいく方法であり、また子どもたちに委ねたからといって、委ねられた子たちの私情でつくることもありませんでした。それなりに、公平でいろいろなことに配慮した立派なものでした。

例えば、○○君は○○さんの言うことはよく聞くから近くにしたほがいい、○○さんはほとんど友達がいなくて、話せるのは○○さんくらいなので近くにしてあげよう、最近、○○君は○○君とケンカ中なので、今回は遠くにしよう、などとても私の把握できないことを知っていますので、より適切な座席配置ができます。

時間の許す限り私もこの会合には参加しましたが、ここで出てくる子どもたちの情報は子どもでないとわからないことばかりで、生徒指導で大変役立ったと同時に子どもというのは結構、公平に座席を考えるものだと感心したものです。

X先生も3つの原則をきちんと説明し、子どもに任せてみてはどうでしょうか。きっと座席をめぐる苦情は激減するでしょう。

ただし、欠点は放課後に2～3時間はかかりますので、時間的保障がないとできません。

行事などに一生懸命取り組めない子がいる

〈この問題をどう考えるか〉

担任にとって行事はとてもエネルギーを要する教育活動ですから、嫌う教師も少なくありません。最近注目されているものに「非認知能力」というのがあります。

認知能力の代表的なものは言語・計算能力などの知的な学力で、日々の学習活動で養われることが多いのに対して、非認知能力は数値化するのが難しい内面的なものです。例えば、「目標を決めて取り組む」「新しい発想をする」「周りの人と円滑なコミュニケーションをとる」などの力のことで、例として「目標や意欲、興味・関心をもち、粘り強く、仲間と協調して取り組む力や姿勢」（発達心理学者の無藤隆氏の例示）があげられます。子どもたちが生きていくのに大切な能力ですが、気質や特性で左右される能力とみられ、経験やスキルによっては獲得しにくいものと捉えられていました。最近この力を気質や特性ではなく、スキルと捉えることによって教育の可能性が強まったと考えられています。

このスキルを上げる場こそ行事です。したがって、教師は漫然と行事をただこなすのではなく、行事を意図的に活かす作戦とプランをもたなければいけません。これがないと教師は何年たっても行事を負担に感じ、クラスの子どもたちは充実感のある行事が体験できないため、やがて「うちのクラスは担任がやる気ないんだよ」「担任がダメだから、あんな合唱にしかならないんだよ」などと、担任批判となることがあります。

Y先生は学級経営の重要な柱の一つだと思い、行事に熱心に取り組んできました。ところが、最近行事には全く関心を示さずとても面倒がり、ほとんど取り組まない子たちが増えてきました。そのため行事が始まると、その子たちのせいで学級の雰囲気も悪くなり、熱心に取り組む子たちから不満が出るのですが、いい方法もなく困っています。学級では何度も全員に協力して取り組もうという話はするのですが効果はありません。

〈どう対応するか〉―「この指とまれ」式―

Y先生がクラスの行事に取り組まない子たちに向かって、どんなに行事の大切さや意義を力説しても多分簡単には心に響かないでしょう。力説すればするほど反発してしらけるかもしれません。人は意義を完全に理解してから行動するものではなく、むしろ嫌々始めたが途中から楽しくなったとか、友達に誘われて始めたとか、特にスポーツの世界では兄に一緒について行っていた弟のほうが興味を示し、本格的に習い始めて兄より上手になったなどという話はよくあることです。

ですから、Y先生はまず全員に向けての話は何回かすれば十分で、それよりも「この指とまれ」式（→「手引き」⑮）でやってみてください。

一般的にはひと昔前と違って、教師が何もしなくても子ども自身が行事に取り組むということはとても難しくなりました。まず担任が「よし、やろう！」とでも宣言しなくてはいつまでも取組は始まらないのが普通です。宣言して、やる気のある子どもを募ります。この子たちを軸にして取組を始めるのですが、まだ多くの子どもたちは乗り気でなくても構いません。「この指とまれ」式で徐々に取り組む中で仲間を増やしていくのです。この時に、「なんで、やる気のある者は少ないんだ！」などと怒る必要もなく、楽しそうにやりながら友達を参加させて増やします。ある人数まで増えると一気に増えていきます。

このように行動を起こしながら、「この指とまれ」式で仲間を増やします。コツは取組を始めてしまうというところにあります。全員が参加しない行事ではだめだと思う必要はありません。そう考えるから担任は行事が始まると、イライラして学級の雰囲気をさらに悪くしてしまうことになります。

しかし、それでは最後まで何もしない子どもが出てしまうことを心配する人がいるかもしれませんが、それには適切な活躍の場を設定するために次のようなことを援助します。

〈活躍の場をつくる〉

クラスの子どもたちに活躍できる〝場〟をつくらなければ、先に示した能力を培うことは不可能でしょう。担任の仕事はこれです。

もっとも、行事には他の意味もあります。学校生活に変化を与えるのも意味のあることで、家庭生活にも誕生日・節分・正月などと行事があるように学校生活も同じです。また、みんなでただ楽しむという行事もあっていいでしょう。しかし、何といっても行事の真骨頂は、自らの力を発揮して他人から「認められる」という体験をすることではないでしょうか（本章①）。この発揮した力こそ「非認知能力」です。

例えば、多くの中学校には合唱コンクールがあります。ここでは様々な能力を発揮しないといい合唱はつくれません。目標の設定、練習の仕方、練習の予定、音取りの方法、曲想の工夫、指揮の工夫、歌詞の意味、楽譜の読み方、効果的な練習方法、伴奏の工夫、練習のための道具……など、まだまだあります。企画力、行動力、協力し合う力、コミュニケーション能力など多くの能力が発揮されるでしょう。

それぞれに適任者を見つけて仕事を決めます。決めるには細かな仕事分担の一覧と人数を入れ、立候補・推薦の順で決定し、担任からの推薦もありとします。活動中は数回の反省会を開き、仕事や練習の進行具合と反省をして次のステップに進みます。また、活動中にはたえず担任は子どもたちの評価をして、「君のおかげでうまくいってるね」「やはり適任だったよ」などと声をかけます。

行事の終了後は、子ども同士の評価と担任からの評価が一番重要で、できれば評価は他の子どもたちにもわかるように、模造紙に書いて教室に貼り出すとか、「学級通信」（定期で発行していなければ、「今回だけの特別号」とすればいい）として各家庭にも配布されると子どもたちはその評価にさらに確信をもつでしょう。

この他者から評価されるというのが、つまり「認められる」ということです。すると、子どもたちは「必要とされた」「役に立った」という存在感が得られることになります。このような感覚は決して普段の授業や読書だけでは得られるものではありません。

質のいい行事とは、子どもたちの活躍の場をたくさん設定しやすい行事をいいます。Y先生はこのような行事の取り組み方をもっと研究するといいでしょう。

不登校の傾向が表れてきた子がいる

〈この問題をどう考えるか〉

不登校は問題行動ではありませんが、教師が対応しなくてはいけない問題なので、ここで取り上げました。

原因を探ることは未然に防止するために重要ですが、実は不登校の原因は多様化、複雑化しておりはっきりとはわかりません。本人の性格・気質や成育歴・家庭環境などにも大きく影響を受けるため、10人いれば10通りの原因があると考えるべきですから、そもそも原因を探ること自体に意味がありません。

それよりも不登校の初期を見逃さずに対応することがとても大切ですから、性格や気質、育て方などを指摘したりしたところで、解決には何のプラスにもなりません。保護者や本人と相談する時には、聞かれたとき以外はふれる必要はありません。

決定的に重要なのは、初期の傾向を熟知し、見逃さずに対応することです。私が現職の頃は一時期、いわゆる〝登校刺激〟（本人に登校を促すこと）は精神的負担になるから与えてはいけないとされていましたが、当の私たちは経験的に初期の段階に適切な刺激を加えることによって、不登校にならないことを知っていました。初期は登校刺激を与えて立ち直る子が多くいたのに、教師によってはこの〝言説〟を守り、事実上放置していました。私もそのような指導を先輩教師からされたことがあり、大いに疑問をもったものです。

完全に不登校になってしまった場合の対応は、第2章⑭を参照してください。

不登校だった子がその後も長期間の引きこもり状態になる場合がありますから、やはり不登校から立ち直ることは教師や親の願いでもあります。

ところで、不登校の子が立ち直る例も数多くありますが、いったいその子たちはどんな気持ちや心境になると立ち直っているのでしょうか。言い換えると、子どもの心の中にどんな変化があったのかということです。つまり、不登校になった原因ではなく、立ち直った理由のほうが大事なのです。

この立ち直りについては多数の研究者が様々なことを言っていますので、私も自分が担任だった時の少なくない不登校の子どもたちが、心の中でどのような変化があった時に、立ち直りのきざしをみせたかを経験の範囲で述べておきます。ひと言でいうと「今の自分でもいいじゃないか」という感覚を得た時に自ら外の世界に歩き出し始めたということです。つまり、今の自分を肯定できるようになった時が立ち直れる時なのでしょう。

では、この「今の自分でもいいじゃないか」という感覚はどうしたら得ることができるのかが問題です。このことは奇しくも非行・問題行動から立ち直る時のプロセスと同じなのです。ここでも「認められる」体験の重要さがわかります。「認められる」ことによって、「今の自分でもいいじゃないか」と思えるようになるからです。

Z先生の学級に最近休みがちの子がいます。夜、本人と連絡を取り、翌日の登校を促すと「明日は行きます」と言うのですが、翌日また休むことがあり、どうも不登校気味だと思うのですが、保護者も理由がわかりません。このままでは本当に不登校になるのではないかと心配なのですが、これといった効果的な対策もなく困っています。

〈どう対応するか〉―初期は登校刺激を―

不登校の初期の傾向を知っておくことは、早期発見につながります。

・学校で体調不良などを訴え、保健室に通ったり早退が増えた。
・曖昧な理由の欠席が断続的に多くなった。
・特に休日の翌日に欠席する。

・朝、登校時間が近づくと腹痛・頭痛などを訴えて休みたがる。
・保護者が欠席を許可すると、急に元気になる。
・担任が家庭と連絡を取ると、本人は「明日は行きます」などと言うが、翌日欠席することが何度か続く。

Z先生の学級の子は明らかに初期の傾向を示していますから、まず担任が最初にやることは、学校内に行きたくない具体的な理由がないかどうかを本人から聞き出すことです。例えば、いじめ、友達とのいざこざ、部活動の上級生との関係などといろいろ考えられますが、私の経験ではこのような具体的理由は案外と少なく、多くは本人すらわからないことが多いのです。家庭訪問などで「ここ数週間の君を見ていると、少し心配しています。何かクラスであるんじゃないかと思うが、教えてくれない？」などと単刀直入に聞いて構いません。ただし、あせらずじっくりと聞き、何かあれば担任として全力をあげて取り組むことを約束して、安心させなければ本音はなかなか言わないでしょう。

次に迷わず登校を促す働きかけをします。働きかけはその子に合うものを見つけます。
・古典的なものは、最も気の合う友達が朝誘いに行く。
・「疲れたら欠席してもいい」などという気楽な気持ちをもたせる。
・「とりあえず、保健室に」という段階を踏むのも一つである。

・「君がいないと困る」という役割をつくり、クラスに居場所をつくる。
・もし欠席したら、プリントや連絡事項のメモを本人に届ける。

最後の「本人に届ける」のは担任や友達や誰でもいいのです。担任にはかなりの負担ですが、これをしないと本人は「僕はいなくてもいいのか」「僕はみんなから見捨てられているのかな」と感じてしまうからです。

もちろん、学年主任・生徒指導部などには報告して相談する段階です。また、スクールカウンセラーとは常に連絡を取り、相談・連携して対応しますが、カウンセラーに丸投げして任せてしまってはいけません。ますます、本人は「僕はいなくてもいいのか」と思うだけです。

〈「今の自分でもいいじゃないか」〉

Z先生にもう一つ知ってほしいのは、不登校の子どもたちの立ち直り方です。もし、そういう子どもを既に経験しているならば別ですが、なかなか中学校の在学中には立ち直るケースは少なく、教師も子どもの立ち直りを知ることは案外と難しいのです。そこで知っておいてほしいのが、不登校や長い引きこもりから子どもたちが立ち直ったとき、その子たちの心の中では何が起きているのかということです。子どものゴール地点を知らずにゴールに導こうというのは無理だからです。

私の同僚だった先生が退職後に開いた、小中学生の不登校児を対象にしたフリースクールでは年1回スクール祭というのをやります。そのスクール祭はほぼ子どもたちに任せて自由に企画をさせ、保護者・地域の人たちにも開放します。その時、スクールにもあまり熱心には来なかった子が、ある企画（お化け屋敷）が気に入り、熱心に小道具を作りお化け役もこなし、他のスクール生から見直されたそうです。つまり、「自分は役に立った」「必要とされた」という感覚を得たのでしょう。それからの彼は積極的にスクールに来るようになり、ある私立高校に進学して今では大学生になっているそうです。その元同僚は、現職の時にこの体験ができていたら違っていただろうと述懐していました。私にも忘れられない話でした。

「今の自分でもいいじゃないか」こそ、「ゴールなのかもしれません。子どもの立ち直り方にはいろいろなプロセスがあるでしょうから、この道しかないわけではありませんが、私には経験上普遍的なものを感じます。

第2章

学級をこえて対応するトラブル

学級内で起きたことであっても、担任だけでは対応できないトラブルがあります。学年全体で一致した方針で対応しなければならないからです。

本章では学年として統一した方針で対応し、学年全体の教師が共同して対応すべきトラブルを中心に取り上げました。

教師に暴言を吐く子がいる

〈この問題をどう考えるか〉

教師に対する暴言は絶対に見逃してはいけません。もちろん、暴言にもいろいろなレベルのものがあります。単なる拒否的な言葉（「うるせー」など）を投げつけるものから、人間の尊厳を踏みにじる言葉（「教師やめろ」「消えろ」「ブス」など）を浴びせるものまで多様ですが、いずれも許すべきではありません。

もちろん、この暴言のレベルまで達している子ですから、ある日突然こうなるわけではなく、既に相当に問題性をもった生活を送っていますので、指導しても簡単になくなるわけではありません。それどころか、いっそう反発して暴言はエスカレートしてより過激になったり、暴言から暴力に発展していくこともあります。学級担任だけに任せてはいけない理由はここにあります。

また、教師によっては他の教師に知られたくない、他の子どもに被害があったわけではないから、これくらいなら自分が我慢すればいいなどという心理がはたらき、暴言の事実が隠されることがあります。そのためには、暴言という問題行動の原因を一教師の対応のまずさが原因だったとか、生徒指導の力量がないからだ、といった個人の責任に転化しないことです。このような閉鎖的雰囲気ではなく、もっとオープンに情報を表に出せることが肝要です。暴言という問題行動のレベルは、長期間複雑な問題が絡んで発生することがほとんどですから、一教師の責任ではありません。

よく「あの先生の対応がまずいため、起きたのだ」などという〝分析〟を耳にしますが、このような問題に対応できる生徒指導の体制が確立していたかどうかが、まず問われます。体制も不明確で指導部が率先して対応することもなく、一教師の力量不足に帰してはいけません。これでは重大な問題行動にはとても対応できません。

A先生は生徒指導は苦手です。最近も、クラスで授業中にある男の子が消しゴムのカスを他の子に投げつけたので、「そういうことはしてはいけません」と注意をしたところ、「うるせえよ、別にケガするわけじゃないんだよ」と言い返してきました。これまでにも何度かありましたが、その日の彼は特にふてぶてしい態度で、周囲の子たちも一瞬驚いたようです。このようなとき、いつもA先生はどうすればいいか迷ってしまいます。

もっと厳しく注意すれば、さらにエスカレートする恐れもありますし、穏やかに注意をしてもだんだんとエスカレートしてきましたから、これではどうにもなりません。

〈どう対応するか〉―迷いの理由―

A先生の迷いは力量がないからではありません。経験が数年の教師であろうが、経験のあるベテラン教師だろうが迷うのです。転勤したての学校では私も常に迷いました。なぜでしょうか。

例えば、これ以上厳しく注意すれば、きっとさらに発展し暴力も起きかねないなどと思えば、その時にこの学校はどう対応することになっているのかがわからないと、それ以上の厳しい指導はできません。

しかし、そのまま穏便に済ませてしまうと、さらに発展していくことがほとんどで遠からず穏便な指導も限界に達し、結局A先生と同じ問題にいきつきます。また、穏便に注意・指導している間が長期間であればあるほど一般生徒はこう思うでしょう。注意・指導の仕方によっては「なんだ、先生たちは見てみない振りをしている」「ダメなことであっても先生たちは厳しく注意もできず弱腰だよ」「一部の生徒はやりたい放題、言いたい放題で先生たちは情けないよ」などと思います。

決して先生たちはそうしているわけではありません。しかし、他の子どもたちにはそう映ってしまうのです。そうなると暴言は許されてしまう雰囲気がいっそう醸し出されることになります。

これでは真面目な子どもや心の中では先生たちを支持（応援）している生徒たち（「中間的集団」）の心は、教師集団から離れてしまい、安全で安心な学校はつくれません。「中間的集団」を育てることはできず、学級や学年・学校が荒れていくことになります（↓「手引き」⑯）。

A先生の迷いは単に力量不足からくるものではないのです。

〈学年として取り組む〉―方針や手順は決めておく―

学年として、できれば学校として、このような暴言があった時にはどうするかを決めて教師間で合意しておかなければなりません。この合意がないから迷うのです。

まず、見逃さないで必ず注意をし、その日のうちに学年として対応し謝罪をさせる、などと決めておきます。仮にその時の教師の注意に対し、子どもがどんな態度であっても暴言があれば謝罪させるということです。そして必ず保護者にも連絡します。

もし、注意をしたらさらに発展して物を投げつけるとか、暴力に至った場合には即刻近くの先生に連絡し、職員室に連絡してもらいます。多くの教師が駆けつけ別室に連れて行きます。……などという細かな手順も決めておきます。

多くの学校はこのような問題がしばらく（例えば、数年）起きないと、教職員の転勤もあり、すっかり方針や手順が形骸化してしまうのが普通です。ですから、過去の学校の実情を踏まえた確認が毎年必要になってきます。

こういう確認がされていないと、A先生のような迷いが表れた時には、既に多くの先生たちの中に蔓延していることが多く、いざ起きた時には教師間の意見も一致せず早い対応はできません。

〈指導部のやるべきこと〉—リーダーシップの発揮—

「暴言」が起きた場合には、まずどのような経過で発生したかを正確につかんでおく必要がありますので、学年の生徒指導係に報告がくるようにしておくことが重要です。場合によっては、係は当事者の子どもから直接聞いたり、周囲にいた子からも聞いたりします。

その上で暴言の当事者には誰が指導するか、どんな話をして謝罪をさせるか、保護者とは誰と誰が相談するか、次に起きた場合にはどう対応するか（これは学校によって様々で、例えば職員室に連絡し別室ですぐに指導する、とりあえず放課後に残ることを指示して授業は進める、など）などということは、指導部が責任をもって決め、暴言を受けた教師や学年全体の先生たちにも報告・連絡します。指導を該当の教師1人に任せてはいけません。このような判断は、最低、学年として、できれば学校として決めなければとても一教師の判断では不可能です。A先生の学校や学年に欠けているのはこれです。

学校には様々な危機管理が必要です。生死にかかわる事件事故、体罰などの不祥事、災害など。これらは比較的誰もがすぐに一致できるものです。それに比べて生徒指導上の危機管理は一致までには時間がかかります。

したがって、方針や手順を合意するには指導部や学年主任のリーダーシップが重要です。言うまでもなく、自然に合意が形成されていくことはないからです。

なお、暴言を決して一教師の対応のミスとしないためにも、子どもたちにあえて挑発的態度はとらない、人格を全面否定するような叱り方はしない、などの子どもの「叱り方」にも精通しておくことが必要です（→「手引き」⑰）。

②

授業を抜け出す子がいる

〈この問題をどう考えるか〉

「授業抜け出し」「授業エスケープ」「中抜け」「授業離脱」などという呼称が使われています。授業に最初はいたが途中で無断で抜け出す、休み時間にいなくなり戻って来ない（時には数時間後に戻って来る）、具合が悪いので保健室に行かせてくださいと言って、そのまま抜け出す、などといろいろなパターンがあります。

そのパターンによっては指導の際に、叱り方などにも若干の違いはあるものの、いずれも学校が大きく荒れていく前兆ですから「初めてだから」とか「短時間だったから」とか「〇〇君に誘われてしまったから」などという理由で、この問題を決して軽視してはいけません。

授業を抜け出したというのは、この時点で既に根深い問題を抱えているからです。安易に抜け出せないように、保健室に行く時は必ず許可証を職員室で発行してもらうとか、先生たちが廊下に待機している、などというのは単に抜け出しにくくするシステムにすぎず、このシステムだけに頼っても根本的解決はできません。この抜け出しにくくするシステムは「外科的治療」、根本的解決への取組は「内科的治療」ということになります（↓「手引き」⑧）。

また、この「授業抜け出し」は第3章の①で述べる「校内徘徊」に直結する問題であり、学校が大きく荒れる時にたどる典型的な一つのパターンです。

そのため担任1人に任せず、学年として方針をつくり、具体的に援助することが必要になります。

20代後半のB先生には、「授業抜け出し」などという問題は教師になってからも自分の中学校時代を振り返っても、全く経験がありません。年配のベテラン教師からは、授業の抜け出しとか校内徘徊というのを聞いたことがありますが、まさか自分の学級で起きるとは予想もしていませんでした。

もちろん、抜け出した子の指導はするのですが、どんな話をしてもまた繰り返します。時には厳しく叱ったり、保護者とも相談したりしていますが、効果はなく、だんだんと抜け出す回数や時間も長くなり不安です。学年主任や生徒指導係には必ず報告し、助言もいただくのですが、具体的でなく困っています。

〈どう対応するか〉――まず「外科的治療」――

どんな問題行動にも一番最初というのがあります。当たり前です。「授業抜け出し」にも〝はじめて〟というのがあります。もし、巧妙に抜け出して既に数回はやっていたとしても、教師に発見された〝はじめて〟というのが必ずあります。教師との関係でははじめてなのです。ここが最初のポイントになります。

はじめての抜け出しは、誰もがドキドキ、ハラハラしています。その時に、教師が気がつかない振りをしたり、発見しても軽い注意ならどうなるでしょう。子どもはこう受け取るでしょう。「なんだ、大丈夫なのか。オレのことを怖がってるな。もっと困らせて試してみるか」「オレのことなんか、どうでもいいんだよな」などと思うでしょう。他の子どもに対しては「オレはお前たちとは違うんだ。マジメになんかやってられないよ」、仲間に対しては「オレだってできるんだよ」などという気持ちを抱いているのです。

ドキドキ、ハラハラしながらも、教師には見捨てられたという〝孤独感〟を抱き、学級の他の子どもたちには一目置かれて〝優越感〟に浸り、ワルの仲間とはさらに〝絆〟を深くするという深みに落ちていくことになり、いよいよ抜け出すのは難しくなるでしょう。

ですから、この〝はじめて〟をいい加減に指導してはいけません。高尚な話よりも、担任として学年の教師集団として決して認めないという意思表示をすることです。もちろん、その日のうちに家庭訪問をして保護者も含めて二度としないことを約束させます。

ポイントの二つ目は、抜け出しにくくするシステムをつくっておくことです。「具合が悪いので保健室に行ってきます」とさえ言えば、保健室に行かずに授業を抜け出せるようでは困ります。教科担任のサインがないと保健室には行けない、パトロールの先生が付き添う、などという苦肉の策も初期段階ではそれなりに必要です。あながち愚策とはいえません。ただし、これらの「外科的治療」は外側からの強制力に頼る方法ですから、自ずと限界があります。それでもこの「外科的治療」は確立しておくことがまず必要です。

〈「わけ」を探る〉――「内科的治療」に取り組む――

この「わけ」を探る取組の意味については、既に『プロセス編』「第1章第3鉄則」や第1章①などで述べていますが、とても重要なことですからここでも簡潔に述べておきます。これが「内科的治療」だからです。

「わけ」を探る目的の一つは、B先生自身に荒れている子どもたちは〝孤独感に襲われ、優越感や絆を求めている〟ことを知ってほしいからです。教師は一般的に思春期に荒んだ生活を経験していません。また、「荒れる学級」を惹き起こした当事者であったことも滅多にないでしょう。担任や親に激しく反抗した一時期があるという程度でしょう。むしろ、教師になった大半の方は小学校時代から成績優秀で、高校も進学校を経て大学に進学した方々でしょう。

ですから、どうしても「荒れた子ども」の心の深淵にふれてほしいのです。B先生はこの先まだ数十年は教師生活を送るのですから、そのチャンスです。私自身はその心の深淵にふれるのには、20年も要してしまいました。例えば、「この環境では荒れるのは不思議はないし、しかも親が子どもを放置してきたのも、朝から晩まで働かなければ生きていけない環境だったからだ。本人にも親にも大きな責任はないのではないか」などということにたどり着くと、「荒れた生徒」も愛おしくなり、私の「荒れた生徒」の見方は変わってきました。当然、生徒指導のスタンスも変わりました。

人の「心の深淵」はわかるはずがありません。しかし、この「荒れた子どもたち」は〝孤独からの解放〟、〝正しい本当の優越感と絆〟を求めているのです。これらを満たすための取組こそが、教師の仕事ではないでしょうか。その場は「授業」「学級活動」「係・委員会活動」「行事」「部活動」などです（↓「手引き」⑱）。

生徒指導は生徒指導の担当者だけがするものではなく、また全ての教育活動の中にその場があるのです。

授業中に妨害行為をする子がいる

〈この問題をどう考えるか〉

「校内暴力」期（1970年代後半〜80年代）を経験した教師にとって「授業妨害」はとても悩ましい問題でした。経験がないと具体的にどんな状態を指すのかわからないと思いますが、今でも大きく荒れると必ず起きる問題ですから、知っておく必要があります。

「意図的に騒ぎを起こしたり教師に反抗したりして、一時的に授業ができない状態になること」とでも定義しておきます。必ずしも教室内での妨害とは限らず、授業中に他学年や他の学級の子どもが廊下で意図的に大騒ぎして、授業が中断される行為も同様です。したがって、結果として授業が中断されたとか、立ち歩く者がいて授業が落ち着かないなどというのは、「授業妨害」とはいいません。マスコミは「いじめ」一辺倒の偏った報道をここ数十年繰り返していますが、「荒れる学校や学級」がなくなったわけではありません。むしろ、「いじめ自殺」のような死に至るものは底辺に「荒れ」があるのです（→「手引き」⑱）。過去のこととして軽視してはいけません。

C先生は30代の教師です。教師になった時には「校内暴力」は既に過去のことと思っていました。「対教師暴力」「授業妨害」「校内徘徊」などは、たまたま経験することなく過ごしてきました。ところが最近、学級のD君が授業中なのにわざと大声で席の離れた子とおしゃべりをしたり、厳しく注意されると机を倒して騒ぎ、授業が中断されるという事態が起きました。理由を聞いても、本人の「注意の仕方が気に入らない」という言い分ばかりで、反省の様子は全くなく、最近も別の先生の授業で似たようなことが起こりました。他の先生たちに相談しましたが、常に「様子を見よう」と繰り返すだけで、効果的な方針もなく、このままでいいものなのかとても不安です。

〈どう対応するか〉—〝前兆〟を見逃さない—

この「授業妨害」にはたいてい〝前兆〟があり、ある日突然起こることはありません。もちろん、子どもからすれば、授業を意図的に妨害するというのは、かなりハードルの高い行為のため、いくつかの小さな前兆を踏みながらエスカレートしていくものなのです。妨害に至るまでの前兆として、教師の指導（例えば、注意や指示）に対して近くの物にあたる、無視する、暴言を吐く、などの過度で不適切な反抗があります。一見些細な（本当は些細ではないのですが）段階で、保護者と相談することが大事です。

この時、起こった事実と認められない理由、学校としての指導内容を正確に伝えます。特に、子どもは親に都合良く事実を話し、親は「そんなことで叱られたのか」等の不信感を抱いている場合がありますから、「認められない理由」をきちんと説明できないといけません。しかし、この前兆の段階で保護者を説得するのは、とても難しいのです。子どもやその保護者が教師に不信感を抱いている、また、教師が若くてあまり経験がなければ、説得力をもって説明することは難しいでしょう。前兆というのはまだ見えていない未来に対するものですから、難しいのは当たり前なのです。

そうなると、担任や当該教師だけに任せる問題ではなく、学年で対応するレベルのトラブルです。そのためには、この〝前兆〟行為が教師間で情報共有されていなければなりません。担任の対応ミスで妨害が起きたのだという捉え方をしていたら、情報は隠されてしまい、重大な妨害行為に発展することになります。

〈「壁」が必要〉―どうあっても認められないトラブル―

「授業妨害」は「校則違反」と違い、他の子どもたちに被害（学習権を侵害）を与えます。そのため、様子見や、続いたら指導など、見通しのない曖昧な方針ではいけません。

この「見通しをもつ」という時の〝見通し〟は「壁」でないといけません。これ以上はどうあっても許さないという「壁」です。私の経験上、「壁」を確立できなかった学校が、短期間で荒廃から抜け出した例はありません。「壁」がないのに自然と収束することは稀にありますが、なぜ収束したのかが分析できないため、数年後にまた荒れるということを繰り返すことになります。ただし、「壁」はどんなことにも必要なわけではありません。それでは息苦しい学校になってしまいます（↓「手引き」⑲）。

ところで、この「壁」という考え方は、荒れた生徒とのトラブルをあえて辞さないという考え方を伴いますので、誤解をする方もいるはずですから少し説明を要します。

生徒指導の世界には、「心に寄り添う」「カウンセリング的手法で接する」「子どもを理解する」などの言葉で、教師集団が一枚岩となって指導する手法に否定的な考え方があります。別の言い方をすると、「生徒指導的アプローチ」か「カウンセリング的（教育相談的）アプローチ」の対立といったところでしょうか。両方とも必要なアプローチですが、どういう状況でどのアプローチで対応するのかが問題です。

重症患者にたとえると、苦痛に耐えている最中に「心に寄り添う」と言われても意味はありません。それは「荒れ」の真っただ中に「心に寄り添う」対応をしているのですから、被害者は増え続け、加害者はブレーキがかからずエスカレートしていくでしょう。そういう時には、子どもの前に立ちはだかる「壁」が必要なのです。D君はもはやこの段階と考えるべきです。立ちはだかると、トラブルが拡大するかもしれません。ですから、「壁」の確立には「トラブルは起きてもかまわない」という考え方を伴います。次に、「カウンセリング的アプローチ」が効果的になります。C先生の学校はもはやここまでの教師間の合意がないと、「荒れ」を防げないかもしれません（↓「手引き」⑳）。

〈「妨害行為」に対応する〉―様子見はしない―

C先生は、隣のクラスで授業中の先生に、職員室からの応援を頼みましょう。応援に駆けつけた先生は、D君の腕をつかんで別室に連れていきます。こうした対応が事前に合意できていると迷う必要がありません。D君が抵抗して教室から出ないなら、次回は認めないことを宣言して、譲らずに実行します。さらにエスカレートするでしょう。

そこで「トラブルは起きてもよい」「トラブルを恐れない」ということまで取り決め、実行しました。「その時、『対教師暴力』が起きたらどうするのだ」という声もありましたが、その際は「法的対応」（↓「手引き」㉑）をすると合意していました。

ここまで具体的で明確に決めておくことが必要です。4月当初に事前に伝え徹底しました。見通しもない「様子見」は問題を先送りにし、さらに事態を悪化させるだけです。

④

特定の授業をサボる子がいる

〈この問題をどう考えるか〉

いわゆる「授業サボり」ですが、「嫌な授業をサボる」理由を探ります。授業を担当している教師との人間関係が悪くなりサボるのか、授業そのものに耐えられずサボるのか、この二つでは全く違います。前者なら人間関係の改善に取り組めばいいのです。一過性で終わることが多いです。

後者ならば、相当に根が深いと思わなければいけません。特定の授業をサボっただけのようにみえますが、やがて他の授業にも広がることが多いからです。たまたま最初にサボった授業の先生は、サボりやすかったというだけです。ここでも一教師の責任にしてはいけません。

まず、後者の最も多い理由を知っておきましょう。「サボる」という行為は、授業中に居眠りをしたり、私語に興じたりしてサボるより、一段とハードルが高いのですから、既に全教科に学習の関心が低下していると考えられます。一朝一夕には学習への興味を高めることは難しく、長期の取組が必要です。

次によくある理由は、学習に投げやりになった子が自分を光らせる（目立たせる）方法としてとる場合です。

また、この「授業サボり」は「授業抜け出し」や「徘徊」などと相まって起きることが多いですから、とてもやっかいなトラブルです。

（本章②〝授業を抜け出す子がいる〟、⑧〝廊下、トイレ、保健室などを徘徊する子がいる〟も参照）。


E子先生は2週間前、教科担任の先生から「F君が授業が始まっても戻って来ません」と連絡があり、探したのですが見つかりませんでした。次の時間からは受けていましたが、放課後に事情を聞きました。しかし、どうも理由がはっきりしません。

教科担任の先生と何かがあったのかと言うと、そういうわけでもないようです。

厳しく叱り、保護者にも連絡しておきましたが、つい先日また別の先生の授業をサボりました。具合が悪いと言うので、職員室に連絡し、保健室に連れて行ったのですが、10分もいないうちにいなくなってしまったようです。

このまま常態化しないかと心配です。

〈どう対応するか〉―叱るだけでは効果はない―

一度ならず二度あったということは、たまたまではなく一過性でもないと考えるべきです。叱ったところで簡単には解決できません。だからといって、この行為を学級集団の中で、少なくとも担任は「認められない」という意思表示が必要です。そうしないと、他の子どもたちは「そんなに大問題じゃないのか」と受け取るでしょう。

E子先生は帰りの会ではっきりと、「授業をサボるなんてとんでもないことです」とか「F君には今日のことで話がありますから、残ってください」と学級の中で言ってもいいのですが、ためらうならば最低、担任は怒っている意思表示が必要です。

それでも起きるのが「授業サボり」であり、しかも特定の子どもによって繰り返されるわけですから、もはや叱っても効果はありませんが、それでも叱ってください。

「叱る」というのは、いつもトラブルの当事者のために叱るのだと思ってはいけません。トラブルを起こしていない他の子どもたちに、教師の姿勢や価値観を示すためにあるべき姿を教えるために叱るのです。子どもたちの中には、「授業サボり」にはまだ少しハードルが高い子たちがいるはずです。この教師の姿勢や価値観がないと、簡単にハードルを越えてしまうでしょう（↓「手引き」⑰）。

〈「わけ」を探る〉―保護者と共同する―

「叱る」のは先の②で述べた「外科的治療」に当たりますが、ここではほとんど効果はなく、仮に一時的に我慢させて授業に参加していても、耐えられなくなればもっと過激な形で示します。例えば、暴力的に抵抗する、不登校になる、などと。

しかし、この問題の「内科的治療」は大変です。

E子先生はF君の家庭訪問によって、保護者とじっくり話し合うことです。保護者を説得しようなどと思う必要はなく、保護者とまず仲良くなり、家庭でのF君の様子、家でいいところはないか、趣味・特技は何か、父親の考えは、親子関係はどうかなどと、たくさんありますが、どれかに次に取り組むヒントがあるものです。例えば、特技があれば、それを学級で活かすことはできないか、家庭でいいところがあれば、そのことで担任とつながることはできないか、などと。

そして、最後に共通しているのは、「授業サボり」が常態化していく子どもは勉強を放棄してしまっている子ですから、その援助の体制をとることです。

ですから、学年として取り組まなければ不可能なのです。放課後や長期夏休みの補習体制、家庭学習の指導、保護者との協力体制などは担任だけでは無理なのです。

子ども間で暴力が起きた

〈この問題をどう考えるか〉

暴力行為の定義は文科省では「自校の児童生徒が、故意に有形力（目に見える物理的な力）を加える行為」としています。ケガがあるかないかにかかわらず暴力としています。また、例として、ケンカとなり、双方が相手を殴った、体を壁に押し付けた、ケガには至らなかったが、体を突き飛ばしたなどをあげています。

いわゆる「生徒間暴力」といわれているものです。「校内暴力」期には相当数ありましたが、現在はどうなのかを正確に知ることは難しいです。文科省の「児童生徒の問題行動・不登校等生徒指導上の諸課題に関する調査」でしか知ることはできませんが、いじめの調査が典型的であるように、文科省や特にマスコミが話題にすると数値は増えるという傾向が強く、厳密な実態はわかりません。また、この調査は調査対象校の変更や学校外の暴力行為を含めていない時期もあり、単純な比較はできません。

この調査によると「生徒間暴力」は、10年と少し前の平成23（２０１１）年度は約３万

2000件、最近では4～5万件を推移していますから、高止まりといえそうです。それに比べて小学校の「生徒間暴力」の場合は、平成26年度までは1万件以内でしたが、令和3年度は3万6365件ですから、約3倍に激増したことになります。ただし、いじめの認知件数と同じで、小さなものもカウントするかどうかで数値は大きく異なり、これも単純な比較はできません。

子ども同士の間で起きた暴力の対応方法は、大別すると二つになります。ⓐ最も多い暴力は「ケンカ」に発展し、双方がケガをした場合です。まず学校側は事実を調べて、そのケンカのきっかけや原因を明らかにした上で、仲裁をして双方が納得して仲直りすることを目標にします。

保護者も含めて合意を得なければいけませんが、きっかけや原因によっては、正当防衛・過剰防衛の問題があり、簡単に合意は得られないこともありますから、事実を正確に調べ、本人たちの言い分も聞きよく精査する必要があります。ケガの度合いによっては、治療費も問題になります。

ⓑ一方的な暴力の場合があります。被害者と加害者という構図ですから、事実は正確に調べます。もちろん、起きた日に双方の保護者の合意も得ながら進めますが、一番大切なことはケガの正確な把握と被害者の心情です。学校側が介入することによって、かえっ

て被害者は加害者（とその仲間）の報復を恐れることもあります。

もし加害者が頻繁に暴力を振るっているならば、迷わず警察に「被害届」を出すことを勧めることです（→「手引き」㉑）。被害届は被害者側が出すものですから、学校側の姿勢が「届けを出す出さない」に曖昧な姿勢だったりすると、被害者側は不安を感じ、消極的になることが多いです。

ここでは最も多いⓐのケースでさらに具体的に対応をみてみましょう。


G先生の学級で暴力行為がありました。H君とI君がケンカになり、双方がケガを負いましたが、H君は目の付近にケガをしました。I君のケガは病院で診てもらうほどではありませんでした。H君はすぐに病院に連れて行き診てもらいましたが、皮下出血があり全治10日間の打撲でした。双方の保護者には家庭訪問をして事実関係を伝えました。ケンカの原因はとても些細なことでした。

ただ不安なのは、担任として1人で対応しているためミスはないか、謝罪の場や治療費をどうすればいいのかに迷っています。もちろん学年主任と指導部にも報告をしながらやってはいるのですが。

〈どう対応するか〉―素早く動き、丁寧な対応を―

なぜ「ケンカ」になったのか、その理由を双方から聞き事実を確定します。保護者がまず知りたいのはこれです。見ていた第三者はいなかったかも含めて、慎重に調べます。その結果、これはケンカなのか一方的暴力なのかがわかります。教師側の「あの子だから」という思い込みはいけません。通常その日のうちに事実と理由を確認して、家庭訪問まで素早く対応することです。これらを1人で対応するのではなく、学年としてやります。

一方的にいいがかりをつけたとか、理由もなく暴力を振るったのでなければ、事実関係さえ確認できれば、その後のことは本人たちと保護者の意向で決めればいいのです。ただし、その前に学校側としての素早い対応と丁寧な対応をしておかなければ、スムーズに解決できなくなることがあります。

病院にはよほど軽いものでない限り、2人とも診てもらうべきでした。保護者としては同時にケガをして片方は無視されたと心中穏やかではありません。ケガの程度を素人が安易に判断してはいけません。

またこのケガであれば、家庭訪問には学年主任か生徒指導係の教師も同席すべきです。

ここまで素早く丁寧に対応していれば、こじれることはありませんから、「謝罪の場や治療費はどうすればいいでしょうか」と聞けばいいのです。このケースは双方の保護者に相談し、相手の意向を伝えます。通常は、謝罪の場をつくりますが、稀に嫌がる子どもがいますので意向を尊重します。謝罪を拒否するのは、何かわだかまりがあるからで、その後の様子を見守ることが必要です。また、謝罪の場には学校側も必ず同席することです。

〈「法的対応」もある〉―学校側の姿勢しだい―

次のようなケースもあります。一方的な暴力と見なされないように、わざと相手を挑発（例えば、ごく軽く足を蹴る、わざと嫌がることを言う）して、手を挙げさせ、ここぞとばかりに何倍ものダメージを与えるという巧妙なやり方です。荒れた学級ではめずらしいことではありません。しかし、たとえそうであっても、結果として双方が手を出していますから、一方的な暴力として対応できません。この場合は、警察と相談することです。もちろん、被害届を出すということはできなくても、「正当防衛」「過剰防衛」などという専門的なこともありますから、よく相談して対応策を検討すべきです。ここの「法的対応」はそういう意味ですが、警察には起きた少年非行に対応するだけでなく、少年非行の予防という役割もありますので、相談にのってもらえるのが一般的です。この「法的対応」は学校側の姿勢しだいであり、保護者に相談するものではありません。

集会を開くと私語が多く成り立たない

〈この問題をどう考えるか〉

荒れた学級や学校の〝風物詩〟ともいえるものに、「教室が汚い」「公共物が散乱している」などのほかに「集会が成り立たない」があります。優れた実践家であった故・家本芳郎氏の名言に「〝荒れ〟とは定位置につかないこと」(『ザ・席替え』学事出版)というのがあります。実に状況をよく言い表した言葉です。

私も荒れた学校に勤めると毎年のように悩まされてきました。

集会(学年集会・全校集会・始業式などの式典)を開いても、一部の子どもが学級を無視して好き勝手な所に並び私語に興じたり、体育館の一角を占領して遊んだり、走り回ったりと無秩序状態でした。そういう状態ですから、一般の子どもたちの私語もひどくなりました。その一部の子どもたちを注意すればエスカレートしてさらに騒々しくなり、集会はますます成立しなくなるため、先生たちは厳しく注意することに手をこまねいているだけになります。

なぜこうなってしまったのでしょうか。集会の不成立を軽視する考え方が先生たちの中にあり、教師側の姿勢が一致していないことが最大の原因です。一度、全職員で集会の現状を徹底的に話し合うべきです。実際に話し合うと、みんなこれでいいとは思っていません。でもどうすればいいのかがわからず、話し合いを避けているのが本当のところです。

次は方法の問題です。事前に学級指導として全クラスで、教師側の姿勢を示します。子どもたちには「先生たちは、今までと違うぞ」と思ってもらうためです。真面目な子どもたちはこの異様な集会に疑問をもっていますから、歓迎してくれるでしょう。

集会での並び方を決めます。並び順は背の順にして学期ごとに固定し、「オレのほうが大きくなったからオレは今日からここだ」という混乱の原因をなくします。また、担任はクラスの先頭に立たないで、一番集中しにくい最後尾につくことにします。これだけで普通の子どもたちはそこそこ集中して参加するでしょう。

このような「外科的治療」だけでも（↓「手引き」⑧）ゼロにはならなくても激減しますが、最後に残った子が一部の荒れた子どもたちということになります。〝荒れ〟とは定位置につかないことですから、〝荒れ〟を克服する過程でしか解決できません。

3年生の担任のJ先生は集会を開くたびに嫌な思いをし、集会のある日は憂鬱になりま

す。3年生の7、8人の子どもたちがきちんと整列せず、勝手な場所で遊んでいます。注意しても従いませんから、諦めるしかありません。前で一生懸命に話している先生や子どもの姿が、虚しくなります。その一部の子どもたちの中には、J先生の学級のK君がいます。何度も話してきましたが、その場面になると約束は反故にされてしまいます。心配しているのは、K君と仲のいい子たちにも広まりそうになってきたことです。

〈どう対応するか〉―教師側が宣言して、同調者を減らす―

この課題は学年として取り組まないと無理ですから、まずは学年の先生たちの認識が一致していないと取り組みようがありません。正面切って「問題ないよ」などと主張する教師はいませんが、「この程度までなら」「注意しても従わないんだから、今年は集会そのものを廃止にしたらどうか」「あれ以上厳しく注意をすれば、集会は騒然となる」などと、教師側の姿勢は相当に違っています。まずはこれを一致させない限り、取組は全て中途半端になります。やるべきことは、J先生の教師集団の意思統一です。

もし、どうにかしたいと一致しているなら、並び方を確認します。並び方を子ども自身に任せてしまい、担任は無関心ということがないかです。

さて前日に、各クラスの帰りの会で担任は、「明日の朝会からはきちんと整列し、私語もない集会にする」と宣言しておきます。その日は各担任は最後尾につき、生徒指導係と副担任はいつもの一部の子どものいる場所へ行き、「きちんと並ぼう」と声をかけて整列を促し、従わない場合は腕を手で引っ張って連れていきます。おそらくその一部の子どもたちは、そこまで教師側が言うならと従う子どもと、それでも従わない子どもに分かれるはずです（もちろん、この腕をつかむ行為は問題ありません（文科省「学校教育法第11条に規定する児童生徒の懲戒・体罰等に関する参考事例」の（3）正当な行為）。

一部の残った従わない子どものトーンは落ちます。一緒に行動していた仲間の一部が、この集会の行動に関しては、少なくとも同調しなくなったからです。この教師に手を引っ張られて戻った子どもの中には、「そこまでやるなら仕方ない」という消極的な子から、「今さら元の列に自ら戻るなんてできないから、迷っていた時なのでちょうどいい」という子までいろいろでしょうが、この同調しない者を増やしていくことがまず目標です。

K君をクラスの列に整列させることに取り組みながら、K君の次の問題に取り組みましょう。K君の問題が集会での整列だけだということはあり得ないことだからです。ましてや従わない子たちは、「真面目になんか並んでいられるかよ」「俺は他のやつとは違うんだ」などという心理があり、まさに定位置につかせるには〝荒れ〟と格闘しなければ解決できません。Ｋ君の心のうちを想像することです。

〈集会の内容も再検討〉―聞いてもらえる内容を―

もちろん、集会の内容も検討が必要です。議題が教師側からの諸連絡や諸注意ばかりでは誰も注目しなくなります。楽しい企画も必要です。今は便利な機器もあるのですから、視覚に訴えることも必要ですし、生徒会や委員会の主催にすれば、子どもたちは意外な企画をするでしょう。ある学校に勤めていたとき、年間を通じて定期的にクラス対抗のゲーム大会をやり、学期ごとに勝敗を争っていましたが、事前にゲームの内容も公表し、クラスごとに放課後に作戦会議をやっていました。

ただし、全生徒に注目してもらえる内容が、いつもいつもあるわけではありません。集会の内容は最も多い「中間的集団」の子どもたちを想定して考えるのがいいでしょう。

なぜなら、最も人数の多い集団であること、最も育てたい真面目な子たちがいること、そしてこの集団には心がやや荒れた子たちに近い子たち（「荒れた子」の心情的支持者）も多いことなどから、教師集団は「中間的集団」の子どもたちの心を離さないようにすることが肝要だからです。常に「中間的集団」を想定しながら、集会の内容を決めます。

⑦

一部の子たちが集団化してきた

〈この問題をどう考えるか〉

１９７０年代後半から80年代の「校内暴力」、90年代から今にもつながる「学級崩壊」は、一部の子どもたちが集団化した結果でした。そのため校内暴力の対策の一つとして、ワルを集団化させないことに腐心したものです。集団化すると、その中では悪さ（問題行動・トラブル）の競い合いが起こり、より上の悪さにエスカレートしていきますから、荒廃はさらに進みます。

本人に話したり、保護者と相談したりして「グループから離れろ」と説得したものでした。しかし、稀にうまくいくことはあったものの大半は失敗でした。むしろ、教師や母親が「あの子たちとはつきあうんじゃない」と言ったひと言に反発して、さらにその集団に浸るようになった例も少なくありませんでした。

なぜ離れられないのでしょうか。そこには何かを満たす〝魅力〟があったのです。その魅力が反社会的であろうと、教師や親の価値観に反するものであろうとどうでもいいのです。この時期は自分がいることのできる仲間集団そのものが魅力なのです。

別の言葉でいえば、「所属欲求」が満たされるからです。ましてや、その集団に所属していれば、一般の子どもたちからは「一目置かれ」「強く（上に）見られ」ます。「授業をサボったり、好き勝手やれる」となれば、「承認欲求」も満たされ地味な努力など必要のないこの集団から抜けられないのです。

しかし、同時にこの集団に所属しているには、仲間の中の上下関係や、場合によってはさらにその上（例えば、卒業生や暴走族）との上下関係にも耐えなくてはいけませんから、暗澹たる思いで過ごしているものです。

ワルの集団よりも、自分を受け入れてくれる集団がなければ、抜け出すことは難しいでしょう。「所属欲求」や「承認欲求」は本能といってもいい「基本的欲求」だからです（↓「手引き」㉒）。

そうすると集団化させない対策は、健全な集団を学級につくることだとわかります。

L先生の学年では、問題をもつ子どもたちが集団化し、悪さを繰り返すようになりました。自分のクラスの子も数人加わっていて心配しているのですが、いくら話をしても効果がなく、最近ではその子たちの保護者も頭を抱えています。このままではいずれ保護者もお手上げになり、協力もしてもらえなくなりそうです。いったい、何から手をつければいいのか困っています。

〈どう対応するか〉―「悪さ」には厳しく対応―

理由はどうであれ、起こした悪さには厳しく対応するのは当然です。ただこの対応をしているだけでは、集団化した子どもは立ち直ることはありません。それどころか悪さは〝勲章〟となっていきます。

先に述べましたが、「離れろ」という指導はほとんど効果はありませんが、離れたくなる指導ならば効果はあります。つまり、外側から切り離すのではなく、本人自身が「この集団を離れたい」と思うようになることを考えるのです（「外科的治療」と「内科的治療」）。

これはとても時間がかかることですから、L先生の学年が教師集団として取り組まなければできません。

健全な小集団を学年・学級の中にできるだけたくさんつくることです。それには子ども同士のかかわり合いがなければ生まれません。かかわり合いから子どもたちの小集団ができます。そのためには学級活動や行事などがないといけませんが、先生たちの中にはこういうことを嫌う人もいます。かかわり合いは他人とのトラブルを生むこともあり、時には教師とのトラブルも起き面倒なのです。しかし、子どもたちはこのトラブルを通じて、集団の解体・再編を何度かへて安定した小集団に属していきます。

ですから、かなりの労力を要することなのです。本来、ワルの集団ができる前に普段から取り組んでいることが大切で、ここでも教師集団の合意が重要です。

〈健全な集団が必要〉―「この集団が好きだ」―

しかし、この小集団（仲間）が必ずしも健全な集団になるとは限りません。そこで例えばL先生は、クラスのこの集団に行事の係をさせたり、学級の係活動に参加させたり、「学級活動」の機会をつくるのです（→「手引き」㉓）。そして、教師はその仲間たちの集団を評価します。また、子どもたちの間でも評価されるならばなおさらうれしいでしょうから、評価し合う機会（学級通信で各家庭に配布、壁新聞などで多くの子どもたちに知らせる）をつくることです。「この集団が好きだ」「この集団にいて良かった」という感覚は、「他人の評価」から生まれるものではないでしょうか。自分の長所や短所が主として「他人の評価」によって築かれていくように。

こうしてはじめて「ワルの集団から離れたい」と思うようになっていくのです。

廊下、トイレ、保健室などを徘徊する子がいる

〈この問題をどう考えるか〉

第1章⑭には〝授業中、頻繁に保健室やトイレに出入りする子がいる〟、また第3章①には〝学年をこえて校内を徘徊する子がいる〟というのがあります。そしてこの⑧と、これらの3つはどう違うのでしょうか。

第1章⑭は、例えば、人間関係が悪化し教室に居づらく、出たり入ったりして教師の目を引こうとしたり、教師に相手にしてもらおうとしたりします。かなり幼稚な行為ともいえます。しかし、「俺は人より上だ」ということをこの出入りする行為で示したり、「一目置かれる存在になりたい」という理由であったりすれば、放置すると本当の徘徊行為になっていきます。つまり、⑭は徘徊の前兆です。

それに対して、この⑧は完全に徘徊に至ってしまったケースです。その徘徊が学年をこえて起きてしまったのが、第3章①です。学級別・学年別に徘徊することはありませんから、必ず合流し徒党を組んで校内を徘徊することになり、大きく荒れる原因となります。

簡単にいうと、⑭⑧①の順に重大化してくるということです。

さてこの⑧は、もはや単なる出入りとは違い、何らかの目的をもって徘徊しているのですから、教師側ははっきりと「認められない」という意思表示をします（「外科的治療」）。当然、保護者にも協力を求め、「大したことがないのではないか」と認識しているような保護者には来校をお願いし、実際の姿を見てもらいます。

保護者は徘徊などという行為を知らない場合、想像ができないのです。わが子の徘徊する姿を初めて見て、驚いたというケースはいくらでもあります。そして1人でも2人でも減らしていきます。

しかし、この段階は既に厳しく、学習がほとんど理解できず授業を放棄した上に、「俺は人より上だ」「一目置かれる存在になりたい」という欲求を満たすための行為と考えられるので、学年として「内科的治療」に取り組まなければいけません。

M先生の学級のある子は、他の学級の3人と徘徊するようになってしまいました。いくつかの教科だけはまだ参加することがありますが、他の3人の誰かが誘いに来れば一緒に徘徊します。廊下・トイレ、保健室などにたむろしています。先生たちに注意をされても今では従いません。さらに問題がエスカレートするのではないかと心配です。

〈どう対応するか〉―「外科的治療」は学年教師集団で―

この段階では、グループから1人でも離していく〝切り離し〟作戦はもう効果はありません。この作戦が有効なのは、同一行動を取り始めた1日目か2日目でしょう。

学年の教師集団は全員で対応します。大変な労力が必要ですが、廊下は必ず誰か教師が張り付き徘徊が始まったら、例えば廊下で遊ばせない、大声で会話をさせない、などの対応をします。これを全時間するのですから先生たちは疲弊します。もし、やらなければ徘徊している子は、「俺たちは無視されている」と受け取り、ほぼ確実にエスカレートしていくからです。

この教師集団の対応は別の言い方をすると、徘徊している子たちに〝楽しい環境をつくらない〟ということです。彼らの気持ちを理解することと、このような好き勝手な行為を認めることとは全く違います。

子どもが学校で徘徊している時に、その保護者は全く知らないということもあってはいけません。それは親は子どもの実態を知る責任があるというだけでなく、子どもからすると「俺は本当はこんなことをしているのに、親は俺には何も言わない。見捨てられているのか」と思うからです。子どもの心には相反する二つの思いがあるのです。「知られるとうるさいから知られたくない」という思いと、「今のこんな俺のことに関心もないのか」という相反する思いです。

この「今のこんな俺のことに関心もないのか」という思いに応えて、学年の先生たちはほとんど効果のない外科的治療であってもまずは続けることです。

〈役割を与える〉──「内科的治療」に取り組む──

「内科的治療」は既にあちこちで述べてきましたが、最後は「『わけ』を探る」ことになります（→「手引き」⑤）。その結果、どうやって「人から認められた」「人の役に立った」「人から必要とされた」などという経験をさせることができるかどうかです。

荒れた子どもばかりを相手にしていると、多くの先生たちは「あの子が人から認められる、必要とされる」などとても考えられないと思ってしまいます。それもそのはず。真逆のことばかりしているのですから想像もつきません。私も長い間そう思っていました。

しかし、「その子どもたちは、なぜ真逆のことをするのか」と考えてみると、まっとうな子どもたちと最初は心の中は同じなのですが、うまく「人から認められた」「必要とされた」経験ができず、だんだんと歪んだ行為でその経験をしていきます。例えば、「校則違反」などはその典型であり、まっとうな光らせ方（勉強、スポーツ）には忍耐も努力も必要ですが、茶髪や服装違反はすぐにできます。そして翌日登校すれば、一般の子どもたちは注目するでしょう。すると、「認められた」経験を手にできます。また、その違反の髪型で荒れた子どもたちの集団に属すなら、仲間からも「認められる」でしょう。

ですから、このような時期にただ厳しく叱って説教しても、教師のその言葉は無力です。ハードルの低いことを経験させます。本人のできそうな仕事で〝役割〟を与えます。できれば、本人の趣味や特技を活かせるものがベストですが、なければ学級内の仕事を頼みます。そのため、担任との人間関係が少しはある1日目か2日目がいいのです。そこを逃すと、学級とのかかわりすら拒否しますから、役割を与えるのはさらに難しくなります。

私は社会科教師でしたから、授業に行く時に持ち物が多いので、地球儀や大型の掛け地図、資料集、チョーク箱などのいくつかを次の教室に運んでもらったり、担任としては黒板を消す係を頼んだり、簡単な役割をつくって頼みました。本人たちは文句を言いながらも特別な意識をもつのか、「仕方ないなあ」などと言いながらも結構やっていました。そしてもちろん「助かるなあ。やあ、いないと困るよ」などと評価（?）することです。

趣味がバイクという子には、バイクの雑誌を置くコーナーを教室の後ろにつくったら、普通の子どもたちともバイク談義に花を咲かせていました。これらも「認められている」という体験の一つになるはずです。

⑨

トイレのいたずらがある

〈この問題をどう考えるか〉

トイレの便器にペーパーを詰めて水を溢れさせる、ロールペーパーを大量にまき散らす、落書きをする、水をまき散らす、などという行為に頭を悩ます学校は多いはずです。トイレは特にこのいたずらが多いのはなぜでしょうか。それは、トイレはどこの学校も廊下の端や離れた所にあることが多く、おまけに個室になっている部分があるためです。

ということは、トイレのいたずらが多い学校では、トイレに限らず目の行き届かない見えにくい場所での「器物損壊」も多いのです。

見える所ではいたずらしにくいですから、〝犯人捜し〟はほとんど効果はなく、集会を開いて子どもたちに訴えても、一時的に減りますがなかなかなくなりません。

しかし、経験上ではこの種のトイレのいたずらは、延々と半年も続くことはありません。一時的に頻繁に起きますが、やがて収まります。もちろん、他の破損行為に波及していくだけということもあり、あまり喜べませんがとりあえずトイレという必須の基本的施設は確保できるようになります。

私のあまり根拠のない推理はこうです。「ここに紙を詰めたらどうなるか」「ロールペーパーを完全にほどいたらその量は？」「水飲み場じゃできないが、トイレの床だからここで水をまいてもたいしたことはない」。いたずらが大好きで好奇心旺盛な子なら、一度やってみたいとやりそうです。いずれも家庭ではできませんから。

もちろん、悪質ないやがらせとしてやる場合もあり、この場合は〝難敵〟で先に述べたように他の破損行為に、さらにエスカレートして波及していきます（第3章③〝大きな「器物損壊」があった〟）。

学年主任のN先生はトイレのいたずらに手を焼いています。集会で訴えても名乗り出る者もいませんし、情報も集まりません。噂ではO君らしいのですが、見た子はいません。このままにしてはいけないのはわかっていますが、打つ手がありません。

〈どう対応するか〉—掃除をする先生たちの姿を見せる—

困った学校がトイレを封鎖する、トイレットペーパーは各自が家庭から持参する、などという措置をとる学校もありますが、いつまでもこの処置はとれません。一般的な指導はしても、格別なにもしなくても、1カ月ほど悩まされますが、普通は収まります。N先生もしばらく様子をみてください。O君らしいという噂だけで問い詰めてはいけません。ただし、先生たちが毎回せっせと掃除する姿を子どもたちに見せることです。困っている教師を見て、それだけで気が済んで終わる場合が多いのです。密かに掃除し、知らない振りをして無視すると、いたずらは長く続きます。

しかし、このいたずらがさらに拡大していくなら本格的に対応しなければなりません。これについては第3章③で述べていますが、例えば、トイレのいたずらがなくなると同時に、さらに他の「破損行為」（大きな落書き、公共物の破損、悪質ないたずら、など）が他の場所でも起きるようになった場合などは要注意です。

〈トイレに関心をもたせ、注目させる〉―「破れ窓理論」―

さて、大事にならないうちに、このいたずらを小さい段階で終わらせるには、やはりトイレを常にきれいにしておくに限ります。ここでは、あの有名な「破れ窓理論」（たった1枚の破れた窓ガラスをそのままにしていると、さらに他の窓ガラスも全て割られる）は「破損行為」全般に通用する考え方です。軽微な犯罪を見逃さずに取り締まるべきだという理論です。一般的にいうと、「壊れた窓を直さずに放置すると、誰もここには関心がないし・・・・・・・・・・・・・注目もされない」場所だ、というサインを示すことになり、犯罪を誘発しやすい環境を生・・・・・・・み、やがてエスカレートしていくということです。

大事なことは「関心がない」「注目もされない」と思われないようにすることですから、他にも方法はあります。トイレに花を飾る、トイレの中の壁や個室の壁に子どもの作文や美術作品を展示する、トイレ前の廊下を休み時間の遊び場所として許可する、などと関心のある注目される場所にしてしまうことです。もちろん、トイレの壁や個室に作品を展示された子どもは「私のはトイレですか」と少し残念がるかもしれませんが……。

N先生はこのトイレのいたずらという、他の問題とは違う特殊な環境下で起きる問題と捉えて、もう少しアイデアを練って取り組むことです。そうすると、話題にもなっていっそうトイレは注目を浴びることになり、いたずらはしにくくなります。

〈常にきれいにしておく〉―トイレ掃除は誰がする?―

予防策としてトイレは常にきれいにしておくことにこしたことはありません。しかし、近年これは大変なことです。少々横道にそれますが、いったいトイレ掃除は誰の仕事なのでしょうか。

トイレ関連企業で構成する「学校のトイレ研究会」の調査（2008年）によると、小学校・中学校ともに子どもたちだけでの掃除は53％、子どもたちと教師、清掃業者がかかわっての掃除は小学校が42％、中学校が44％だったそうです。また、小林製薬株式会社が大阪府下の小学校で行った調査（2020年）では、コロナ禍での感染症対策のために教師による掃除が60％以上に激増しています。

教師にとって何カ所もあるトイレを全て清掃するのは大変な労力です。常に清潔に保つことなどとても無理な話です。

転勤した学校で、トイレ掃除がおそらく1カ月近くされていないと思われる汚れ方のトイレを見て驚いたものです。当然、トイレは破損だらけで、溜まり場と化していました。以来、私は定年まで放課後はトイレの掃除を日課の一つにしていました。常にきれいにしておく方法が一番効果的だったからです。

なお、トイレ清掃が技術員（校務員、業務員）さんの仕事だと思っている教師は多いですが、技術員さんの仕事ではありません。自治体によって位置づけは違いますが、あくまで善意で協力してもらっているのです。学年の教師全員で分担して取り組んでください。

喫煙をした子がいる

〈この問題をどう考えるか〉

学校現場では喫煙した子への指導は、時間的にもかなりの時間を割き重視されています。しかし、そのかける時間の割には効果が少なく、何度も繰り返すというのが悩みの種ではないでしょうか。

その理由は、タバコは習慣性が強いというだけでなく、荒れた子どもたちの仲間の証し・象徴でもあるからです。喫煙をしないワルの集団を私は見聞したことがありません。喫煙をしているワルの集団に属しながら、ある子だけは非喫煙者だったという例も知りません。この特殊性ゆえに吸い始めてしまった後からの禁煙指導は、ほとんど効果はありません。次のいくつかの統計を見てください。

現在喫煙している者が初めて喫煙を経験した年齢は、9・2％が14歳以下（小・中学生）という統計（「健康・体力づくり事業財団」作成２０１７年）がありますが、これは40人学級なら3、4人いることになります。

また「マイナビニュース」によると、「両親とタバコ」に関するアンケートを行った結果、喫煙者の約7割は両親が喫煙者（片方または両方）、約3割弱が両親のどちらも喫煙していなかったとしています（2014年調査）。

先の「初回喫煙年齢」や「両親の喫煙」を考えると、好奇心の強くなるこの時期に家庭内で親が食事後においしそうに一服する姿を毎日見ているのです。「タバコってそんなにおいしいのかな？」と興味をそそられるのは当然です。吸い始めるきっかけは何なのかを調査した「BEST YAPE」というサイトは、アンケート調査（2021年）の結果、喫煙者の半分以上が「興味関心」で吸い始めたということです。

「タバコは健康を害す」などといくら教えても、タバコを吸いながら、もがき苦しむ（？）親の姿でも見せない限り禁煙は難しいでしょう。喫煙する保護者は、「子どもの前では喫煙しない。タバコとライターは隠しておく」ことを徹底したほうがよほど効果はあるでしょう。

これらからわかることは、まだタバコを経験していない早い時期に「禁煙防止教育」を徹底することなのですが、学校現場は年中行事的に年1回ビデオを見せる程度であったり、まだ早いだろうと適切な時期を逃がしてしまったりしています。

では、この難しい吸ってしまった喫煙への指導は、どうすべきなのでしょうか。

P先生のクラスのQ君が、下校時に公園で喫煙していたようです。Q君は大きな問題行動を起こしているわけではなく、少し生活が乱れているだけです。ただ、喫煙した子どもの指導はほとんどうまくいってないので、どうすればいいのか困っています。

〈どう対応するか〉—事実を認めさせ、諦めずに何度でも—

一般的に喫煙の事実を教師が把握した段階では、その子は喫煙が習慣化していると考えなければいけません。なぜなら、初めての喫煙を人に見られやすい公園や校内でするはずがないからです。ドキドキしながら回数を重ねた上でのことなのです。

当然、今さらタバコの害をとうとうと並べたところで、効果はないと思うべきです。それでも認められない行為として大人、特に教師は厳しく指導をする必要があります。

まず、喫煙の事実を認めさせることです。認めないことには次の指導はできませんので。学校として初めての把握ならば、一応は健康への影響なども話し、家庭に連絡することを伝えます。本人が親には内緒にすることを懇願してきても、既に習慣化していますから、絶対に妥協してはいけません。

できれば両親を交えて、今後のことを話し合いますが、この場合、喫煙をやめさせることだけを親子の課題にしてはいけません。これだけで成功するケースはほとんどありません。

〈健全な居場所をつくる〉―保護者に「喫煙」の意味を説明する―

保護者には常習化している可能性が高いことを伝え、ただ禁煙だけを目標とせずに、打ち込めるもの、得意なこと、好きなことなどがあれば、できるだけそれを応援することです。さらに、家庭の中でもP君が「認められる」「必要とされる」存在であることを実感できるような経験ができるといいのです。手伝いなど何かの役割をもたせることです。

もちろん、P先生も学級活動や行事の中でQ君の居場所をつくる応援をします。具体的にいえば、役割をもたせることです。そして、その役割を評価することによって、P君は自分の居場所を得ることができます（↓「手引き」㉒㉓）。

ただし、誤解されては困るのですが、喫煙をしたから、喫煙が学校にわかったから、「もう終わりだ。吸ってしまったのだから、もう元には戻せない」という投げやりな気持ちにさせてはいけません。喫煙は他の法律違反とは違い、いくらでもやり直しのできる問題ですから、やり直していく希望を与えてください。未成年で喫煙していたことのある大人なら、この意味がわかるはずです。

⑪

廊下や教室の掲示物が破られたり、落書きされる

〈この問題をどう考えるか〉

似た項目が3つあります。第1章⑰〝スイッチやほうきが壊されたり、掲示物が破られたりする〟は、やった者がクラス内にいると考えられる場合、本項目はクラス内とは限らず、学年全体で取り組まなければいけない場合、第3章③〝大きな「器物損壊」があった〟はどの学年かもわからない場合や、大きな破損の場合です。面倒ですが、それぞれ若干取り組み方が変わります。

ある教室の掲示物が破られたからといって、必ずしもその学級の誰かがやったとはいえません。特に、廊下の壁に貼っている掲示物へのいたずら（破る、落書き、特定の子の作品を傷つける）は、そのクラス以外の子どもも十分に考えられますから、学年として取り組むべき問題です。

このような破損行為を「これくらいなら」と軽視してはいけません。一度や二度はすぐに直して様子を見るという対応もありますが、続いたり、特に特定の子どもの作品をねら

ったいたずらであったりする場合は学年として取り組みます。

「破損行為」にもいくつかの段階と意味がありますので、まとめておきます。

ⓐついうっかりという偶発的な破損
ⓑ意図的な破損。担任への反発（以上の二つは、第1章⑰）
ⓒ学年の教師たちへの反発と挑発（本項目）
ⓓ大きな破損行為。学校に対する挑発や嫌がらせ（第3章③）

本項目は右のⓒですが、ⓐⓑと違って特定の教師に対してだけでなく、学年の教師たちへの反発と挑発が感じ取られる場合です。何の対応もせずに、気づかないうちにただ直してばかりいては「これだけやっても、まだ困っていないのか。もっとやってやろう」などとなります。

ですから、知らない振りをして無視したり、知らぬ間に直しておいたりするといつまでも続きます。大いに〝注目〟してやることです。そのためにも、このⓒの場合は学年の教師集団としての対応が必要なのです。

生徒指導係のR先生の学年では、教室の廊下の壁に貼っている展示物が、頻繁に破られたり落書きされたりします。回数からも意図的なものと思われます。各クラスでも話をしてもらうのですが、何の情報もありません。破損を見つけるとすぐに修理しますが、これを繰り返すだけです。やった子も見つからず、何か虚しくなるのですが、少しオーバーなのでしょうか。

〈どう対応するか〉—楽しく公開修理—

第1章⑰で紹介した「子どもと一緒に直したり、『修理隊』を組織する」は、ここでも無駄ではありません。しかし、それでもなくならない場合は、学年の教師集団に対して反発だけでなく挑発的な意味もありますから、簡単にはなくならないでしょう。つまり、教師側の反応もみているのですから、断固とした姿勢を示さないといけません。

もしその都度気づかないうちに、教師側だけで直しておくとほぼエスカレートすることがほとんどです。こういう嫌なことを見せたくない心理は、わからないこともありませんが、教師側は隠しているつもりでも、子どもたちはみな知っていることがほとんどなのです。また、すぐに直して終わりという対応は、やった子どもとの根比べになり教師集団としては得るものはあまりないわけです。やはり〝注目してやる〟ことなのです。

ただし、人権にかかわる落書き、例えば、特定の子をねらって悪口を書く、また特定の子の作品に傷をつけたり、展示した行事の写真にいたずらするなどという破損は、ただちに回収・修理しなければいけません。

R先生はまず学年の先生たちと、この問題について取り組み方の合意をつくることが肝心です。方針は「楽しく公開修理」です。子どもも参加していいのですが、関係のある先生だけでなく、学年の全教師がわいわいやりながら楽しく修理をします。時間は放課後しかありませんが、それが一番適切です。ほとんどの子どもたちが、「何があったのだろう」「先生たちは、こんなこともしているんだ」「先生たちは大変だなあ」と話題にするでしょう。特に、家に帰ってから話題にしてくれるとなおさらいいでしょう。

やった子が先生たちと子どもが修理している姿を見ると、「センコーたちは困ってるな。でも何か楽しそうにやってるな」などという心境になるでしょう。

一見まどろっこしいと感じる取組ですが、目的は教師集団を応援する子どもたちや保護者の世論をつくるためなのです。教師集団に挑発的な意味をもった破損行為なのに、逆に教師集団の応援者が増えてしまうのでは、破損行為の当事者には続ける意味がもはやなくなってしまうからです。

ところで、廊下の展示物が破られる、落書きされるなどの破損行為が執拗に続く場合は、やった子は目撃されていることが多いのです。深夜の校舎の落書きなどとは違います。

ところが、各クラスで訴えても、いっこうに本人は名乗り出ませんし、情報すら集まらないことが多いのはなぜでしょうか。それは教師集団を応援する子どもたちが少ないこと、子どもたちの中に正義の気風が育っていないからなのです。「やっている子を先生に教えたことがわかると、仕返しが怖い」「僕はしないけど、おもしろい。もっとやれ（と心の中でやった子を応援する）」という段階を変えなければいけません。そうなっていない学校では、破損行為だけでなくそれ以外の問題もトラブルも多く起きます。

〈犯人はわからなくてもいい〉―教師集団の支持者を増やす―

このように破損行為というのは、なかなかすっきりとは解決できません。そのため犯人がわからないと、解決したことにならないとR先生は思ってしまうわけです。何となくすっきりしない気持ちはわかりますが、犯人はわからなかったが、事態は事実上解決したというケースは現実の世の中にはたくさんあります。このケースはそれでいいのです。つまり、〝犯人捜し〟よりも教師集団への支持者を増やしたほうがよほど得るものが大きいということです。

R先生はこの「破損行為」だけに捉われず、学年全体の子どもたちの状況を分析してください。本当に「破損行為」だけでしょうか。生徒指導の全体方針をもちましょう。

金品が盗まれる

〈この問題をどう考えるか〉

校内での盗難には2種類あり、所有している子への嫌がらせのために盗む場合とその金品がほしくて盗む場合とがあります。前者は「嫌がらせ行為」（第1章④⑤）です。ここでは後者を扱うことになります。

では、いったい学校内ではどれくらい盗難はあるのでしょうか。学校内での盗難の統計などはありませんから、私個人の経験から推測するしかありません。私は中学校で30年近く勤め、ほとんど生徒指導を担当していましたので、勤めた学校全体の状況も把握できる立場でした。

「荒れている学校」ほど盗難は多くたえず起きていました。退廃的で刹那的な風潮が蔓延していているわけですから、自制心も歯止めもなくなり、安易に他人の物を盗むのでしょう。しかし、比較的落ち着いてきたと思われる時期にも盗難はよくありました。年によって、とても頻度に差があったのは、盗難は特定の子どもが繰り返すという特徴があるからだと思います。盗難に手を染める子の人数はそう多くはないでしょう。

「暴力行為」や「いじめ」などと比べれば、圧倒的に数は少ないのですが、生徒指導上では最も労力のかかる問題です。確たる証拠がないと疑うこともできません。

予防策は物理的に盗まれないようにするしかありません。特別教室での移動授業時はそのつど教室を施錠・解錠、貴重品は毎朝預かるなどと、実に手間のかかることです。「盗難はいけません」などという話を普段からしたところで、効果があるとは思えません。

起きた時の対応にも、効果的なものはありません。安易な犯人捜しもできません。警察ではありませんから、疑いだけで子どもから事情は聞けません。盗んでいるところを発見しなくてはいけないのですから、もはや学校の力だけでは到底無理でしょう。

多くの学校は、先の物理的な予防策だけで精一杯であり、じきに収まるのを待っているのが現実だと思います。

学年主任のS先生の学年では、頻繁に現金の盗難が起こり頭を悩ませています。もちろん教室が空になる時には施錠はしていますが、間隙をねらって起きてしまいます。盗んだのではないかと思われる子がいるのですが、証拠もないためそのままになっています。

〈どう対応するか〉―「持ち込ませず、預ける」の徹底―

盗まれる物の傾向を考えてみてください。例えば、体操着や教科書がなくなった場合、おそらく盗んだ子どもは一時的に使用し、そこらへんに捨てているはずです。もしかすると、盗んだ本人は一時的に無断で借りたという程度の認識かもしれません。こういうのは何度も何度も頻繁に起きることはないでしょう。

また、防衛策も簡単です。これがゲームソフトなどになると、家でも遊べますから事情は変わってきます。ただ、この防衛策も難しくありません。学校に持ち込まなければ起きないことですから。

問題はやはりお金の場合です。教材費や部費の徴収日だったり下校途中でどうしても必要だったりしてお金を持って来た場合です。現金は持って来ないように指導しても、やむを得ない事情がありますから、どうしても現金が盗まれる問題が発生してしまいます。

金銭の盗難を防ぐには、「持ち込ませず、(どうしても持ってきたら)預ける」を徹底するしかありません。希望者のみの教材費、各部活の部費など、どうしても持ち込まざるを得ないお金がある時は、必ず担任か徴収する先生に登校したらすぐ渡すことを徹底することです。また、持たせる保護者にも事前に事情を伝えて、徹底しておくことです。

〈子どもを疑って問い詰めない〉――一般的な事情は聞ける――

破損行為の場合もそうですが、犯人がわからないと、解決したことにならないと考えすっきりしない先生もいるでしょう。そのため、疑わしい子どもを問い詰めるケースがありますが、これは絶対にしてはいけません。〝疑わしい〟と思ったのは、おそらくその子の普段の悪い印象が前提にあり、それに加えてその盗難のあった日の前後の言動で判断したはずです。結局、何一つ確かなものはなく、思い込みに近いものです。

〝疑わしい〟だけで犯人と断定してはいけませんから、問い詰めて「君しかいなかった」「君以外はあり得ない」などというのは、「君が犯人だ」と言っているようなものです。「10人の真犯人を逃すとも、一人の無辜《むこ》（無実の人）を罰するなかれ」という刑事事件の大原則はここでも同じです。疑われた子どもの心は深く傷つくに違いありません。

しかし、疑わしい子に何も聞いてはいけないわけではありません。こう聞けばいいのです。「最後は君しかいなかったので、教えてほしい。○○君のカバンを開けたりしていた子がいなかったか教えてほしい」などと。仮に自分であっても、もちろん言いません。

こうすることによって、もしこの子が本当に犯人だったなら、きっと「もう二度とあんなことはやめよう」と思ってくれるかもしれません。

LGBTの子どもがいるようですが、どう支援するか

〈この問題をどう考えるか〉

最近では「LGBT」にさらにQが付き「LGBTQ」といいます。

・LはLesbian（レズビアン）の頭文字で女性の同性愛者
・GはGay（ゲイ）の頭文字で男性の同性愛者
・BはBisexual（バイセクシュアル）の頭文字で両性愛者
・TはTransgender（トランスジェンダー）の頭文字で、体の性と心の性が一致しない人
・QはQuestioning（クエスチョニング）の頭文字で、性的指向（自分が好きになる性）や性自認（自分の性の認識、つまり心の性）が明確に決められない人

しかし最近は、この分類は性的マイノリティー（少数者）を総称する言葉であり、性の多様性を表すために、SOGI（ソジ）という言葉が広まってきました。SO（Sexual Orientation）は「性的指向」を、GI（Gender Identity）は「性自認」を表していますが、全ての人に備わっているものであり、少数者と多数者という区別そのものをなくし、他人

事ではなく自分事として考えるための造語です。「ＬＧＢＴＱ」なら、男性で女性が好きという人は含まれませんが、「ＳＯＧＩ」は全ての人が含まれます。

この考え方は「性の多様性」がもとになっています。性のあり方は次の４つの要素の組み合わせによって性構成されます。

ⓐ体の性、ⓑ心の性（性自認、自分が認識している性別）、ⓒ性的指向（恋愛の対象となる人の性）、ⓓ性別表現（「らしさ」の性、服装や髪型、言葉づかいなどを自分がどう表現したいか）の４つです。したがって、組み合わせは多様です。

さて、私などは幼い時から男は男と認識し、好きになるのは女性であり、それが当たり前として人生の大半を生きてきました。定年に近づいた頃から、「ＬＧＢＴ」という性的少数者のことが学校現場でも話題となり、正直なところ頭を切り換えるには相当な時間がかかりました。しかも、私自身の考え方の中には、長い間、この世には男と女しか存在せず、それ以外は正常ではないという思い込みが染みついているのですから。「性の多様性」を教師が学ぶことの大切さを痛感しました。学ばない限り、「性の多様性」を知ることはできないからです。

ところで、「ＬＧＢＴ」といわれる人はどれくらいいるのでしょうか。５～10％というデータもあれば、13人に１人（約８％弱）というデータもあります。日本人の血液型はＡＢ

型が人口の約10％といわれていますし、左利きも約10％ですから、ＡＢ型や左利きの人にかなり近い人数がいるということになります。そう考えるととても珍しいとはいえません。みなさんの学級にも数人は必ずいることになりますし、みなさんが日々一緒に仕事をしている先生たちにも数人はいる計算になります。
もしかすると、私の無知からくる言葉によって、傷ついていた子どもたちや先生方がいたに違いないと思うと、恥ずかしくなってしまいます。

T先生は50代の教師ですが、最近、自分のクラスに「LGBT」ではないかと思われる子がいるのですが、正確に把握して対応したほうがいいのではないでしょうか。その子も生活しやすいと思いますが。実態がわからないまま一般的な話をしても、子どもたちには切実感もないし、他人事として捉えるために効果的ではないと思うのです。また、学級ではどんな話をしたり、どんなことをすればいいのか、慎重になってしまい迷っています。

〈どう対応するか〉―まず「性の多様性」を知る―

ＡＢ型の血液型の子や、左利きの子を差別する人はいません。そこには「みんな違って当たり前」という考えが浸透しているからです。同様に性は二つではなく、先の４つの要素の組み合わせによって、性は実に多様に存在することを知り、「みんな違って当たり前」を理解してもらうことです。この理解がないのに「ＬＧＢＴ」への偏見や差別はいけないと教えても、心の中からそう思う子どもはあまりいないでしょう。

Ｔ先生の年代ならば、私と同様に若い頃は「ＬＧＢＴ」という言葉も一般的ではない時代だったはずですから、まず教師自身が学び、そしてクラスでその理解者を増やすために、学級活動や道徳の時間を使って、系統的に教えていくことが必要不可欠です。

〈いることを前提にした学級経営〉―習慣を変える―

「ＬＧＢＴ」の子どもを把握しようとしたり、調査したりしてはいけません。秘密にしておきたい子や明らかにする準備ができていない子の意思を尊重すべきで、本人の申し出を待つ以外ありません。

Ｔ先生はそれでは一般的な話しかできず、効果がないと思っているようですが、自分のクラスにも間違いなく「ＬＧＢＴ」の子どもが数人はいるのですから、一般的なはずがありません。

Ｔ先生のやるべきことはたくさんあります。先ほど述べた「多様な性がある」ことを教えることが一つです。教師がまず正確な知識をもち、理解者を増やすことが第一歩です。

次に、「教師自らの態度や発言を点検する」ことです。長い間、性には男と女しかないと思い込んでいたのですから、気づかないところで、多様性を否定する態度・言動や教育実践をしていなかったかと点検してみてください。

「男のくせに。しっかりしろ」「女の子なんだから……」などと、既存の性役割に基づくものであったり、性の不一致を揶揄したりしていないだろうかと自らの言動を点検してみると、思い当たるものがあるのではないでしょうか。私自身のことでいえば、若い時ほど心当たりがあり赤面の至りです。

３つ目のやれることは、「習慣を変える」ことです。学校現場には長い間の習慣があり、その大半は性的少数者には苦痛なものもあります。髪型・服装は男らしいもの、女らしいものとされている（例えば、男はズボン、女はスカートなどと）、名簿も並び順もロッカーや下駄箱なども男女別にしている、男女別に平均点を出す、などと習慣的なものがたくさんありますので、これらの区別をやめることです。

このような取組があれば、教師への信頼も増し、相談しやすい環境ができます。

不登校になってしまった子がいる

〈この問題をどう考えるか〉

問題行動・トラブルではありませんが、ここで扱います。第1章⑳は完全な不登校になる前の対応でした。

不登校になる前の兆候に対応するのと、完全な不登校になってからの対応は相当に違います。しかし、どこまでが不登校の初期の傾向で、どこからが完全な不登校なのかという境目はありません。あくまでも、初期の傾向（第1章⑳）を示しているかどうかが境目です。なお、文科省の不登校の定義は、「年間の欠席日数が30日以上となった状態」としています（平成9年度までは50日以上）が、この日数にこだわる意味はありません。

さて、多くの現場教師が経験しているように、完全な不登校になってしまうと、そこからまた元のように登校できる状態になる例はとても少ないということです。

ですから、勝負は初期の段階なのですが、完全に不登校になってしまったら登校させることを中心の取組をしてはいけません。

学校側（特に担任）は「君を見捨てていない」というメッセージを伝えながら、「社会とのつながり」を維持するための応援、卒業後の将来像を描けるような援助などが取組の重点になります。

U先生のクラスには、小学校高学年からほぼ完全に不登校のVさんがいます。もちろん、今さら登校を促しても来ることはないと思います。一般的な取組である行事の参加呼びかけや、プリントを渡したり、授業の進度状況を伝えたり、まめに家庭訪問をしていますが、全く進展はありません。これでいいのだろうかと思っています。

〈どう対応するか〉―社会とのつながり―

ところで、不登校の原因（要因）は多様化してますが、調査によってもかなり違います。文科省が毎年公表する「児童生徒の問題行動・不登校等生徒指導上の諸課題に関する調査」の令和3年度調査で最多だったのは「無気力・不安」が50％と圧倒的です。この調査は先生が判断して答えたものです。

ところが、文科省が令和2年に不登校を経験した小中学生に直接アンケートをした「不登校児童生徒の実態把握に関する調査報告書」（回答2000人）では、「最初に行きづらいと感じ始めたきっかけ」は「先生のこと（合わなかった、怖かった、体罰があったなど）」が小中ともに30％弱であり、教師側と当事者の認識に大きくずれがあることがわかります。つまり、不登校の原因は本当のところはよくわかっていないのです。ですから、第1章⑳でも述べたように原因を探ること自体に意味はあまりありません。もちろん、「いじめ」であるとか、クラスの人間関係が原因であったなら、担任はすぐに対応しなければいけませんが、多くの場合はほぼ解決しても登校できるかどうかはわかりません。原因が複雑だからです。

したがって、この段階では「学校に行かせる」指導が中心ではなく、社会とのつながりを断たないようにする応援がいいと思います。不登校が長引き、完全な引きこもりになってしまうことを避けるためです。もちろん、この社会とのつながりの一つには学校も入っています。

ある行事の時は参加したとか、保健室に月数回程度来るとか、それだけでもいいのです。不登校でも、遠く離れた塾には通ってるとか、昼間母親と買い物に行ったとか、たまにはゲームセンターで遊んで来たとか、何でもいいですから、社会とのつながりを維持することをVさんの保護者にも説明します。保護者は授業時間中にわが子が街の中を歩いていることに後ろめたさを感じてしまうのでしょう。決して「学校には行かないのに、外出は認めていいんでしょうか」という保護者の困惑には、断固として「いいえ。それでいいのです」と応援します。もちろん、家の中でも元気に過ごしてほしいのです。とかく、昼夜逆転の生活になりがちですから、昼間は元気に活動してほしいです。社会とのつながりさえ維持していれば、「自分は役に立った」「必要とされた」という体験ができる機会があるのです（→「手引き」㉒）。引きこもってしまうと、その機会はほとんどなくなります。

〈進路の不安に応える〉―様々な道を紹介する―

Vさんの保護者も心配の一番は、学習の遅れと最終的な卒業後の進路ではないでしょうか。学習は本人が興味を示さなくても、配布プリントを渡したり、教科書の進度を伝えたりします。学習能力が普通にある子は取り組む場合もありますから、まめに続けます。「U先生は、私を見捨てていない」というメッセージを伝えることにもなりますから、効果はなくても学校でのことを伝え続けます。しかし、この取組はU先生には結構な負担となるはずです。訪問するだけでも、場所によっては往復1時間はかかるでしょうから、月に数回が限界でしょう。学年として取り組むことが大切です。

不登校の子どもは自分の卒業後はもちろん将来像が描けません。したがって、とても不安を抱えていると思われます。私は二つのことをしていました。

一つは、かつて不登校だった子が立ち直って立派な大人になっている体験談です。できるだけ身近でリアルな例がいいので、かつて不登校だったが、今は立派な大学生・社会人になっている教え子に頼んで、その体験談を話してもらったりしました。「不登校でも普通の大人になっているんだ」と、将来に夢をもってくれればと思ってやっていました。

もう一つは、具体的な進路先を示すことです。現在は多様な進路があります。その実際のパンフレットを持参し見せると現実味が出ます。ただし、進学先の高校はやや高額の所が多いですから、事前に保護者の意向を確かめておくことが必要でしょう。

〈学年としての体制をとる〉―中心は担任―

さて先に述べたように、担任には結構な負担がかかりますので、学年全体で取組を分担します。学年で不登校の子どもが、1人か2人などという学校は今やごく少数で、おそらく各クラスに最低1人や2人はいるでしょう。学校全体で数十人いるでしょう。

スクールカウンセラーはもちろん生徒指導主事、学年主任、副担任などで役割を分担して担任の負担を軽減しますが、やはり中心は担任ということになるでしょう。

第3章

学校全体で対応するトラブル

前章は学年として対応すべきトラブルを扱いました。

この章は学校全体で一致して取り組むべきトラブルを扱います。

当然、そのトラブルにうまく対応できないと、学校全体が無法化してしまうことがありますから、本章でのトラブルは特に神経を使うことになります。

①

学年をこえて校内を「徘徊」する子がいる

〈この問題をどう考えるか〉

似ている項目に、第1章⑭の〝授業中に頻繁に保健室やトイレの出入りをする子がいる〟というのがあり、前章の⑧には〝廊下、トイレ、保健室などを徘徊する子がいる〟というのがあります。

これらの関係は⑭は徘徊の前兆であり、⑧は既に徘徊していますが、同学年の子どもが徘徊するケースです。通常は数人であるのに対し、この①の徘徊は、学年を超えて集団化しているケースです。もはや、人数も増えて質的に違ってきています。学年を超えた集団の中では、上下関係もあり、「オレのほうが上だ」という悪さの競争が起きたりすると、この徘徊集団はさらにエスカレートして様々な問題を起こします。

この徘徊という問題も経験したことがないと、「学校でそんなことが、あるものなのか」と思うのが普通です。私自身もそうでした。初めて徘徊者のいる学校に勤めた時には、驚いたものです。

徘徊する子どもに共通している理由は、授業がわからないことです。学習には興味がない子が6時間の授業に耐えられなくなり、教師と授業中にトラブル（私語や立ち歩きを注意されたとか）があったりすると、それらをきっかけ（口実）に徘徊が始まります。徘徊の前兆（詳しくは、第1章⑭）です。

しかし、勉強の苦手な子どもがみな徘徊に至るかというと、ほとんどはそんなことはしません。何が違うのでしょうか。既に前章の⑧で述べていますし、あちこちで述べていますが、「注目されたい」「目立ちたい」「人より上になりたい」という欲求を歪んだ形で実現しようとしているのです（↓「手引き」㉒）。

ですから、厳しく叱っても簡単には「徘徊」をなくすことはできないのです。私は「生徒指導コンサルタント」として日本中の荒れた学校を訪問していますが、この集団化した徘徊を克服した例はなく、いったん徘徊集団が形成されると、卒業するまでどうにもなりません。稀に克服しても、その集団の中の1人か2人がパシリから抜け出すために、徘徊をやめたというくらいのものです。いったん形成されてから正常に戻すのは極めて困難です。下級生は上級生の徘徊を見て、「オレもああなりたい」と憧れて「オレも来年はああなれるんだ」と一挙にハードルが低くなります。

徘徊が続くと徐々にエスカレートして、「授業妨害」「器物損壊」などが発生し、それを注意した教師への暴力（「対教師暴力」）も起きます。まさに重大な問題が、しかも連続的に発生しますので、学校の機能はほとんど麻痺状態に陥るといっても大げさではありません。ひとたび起きると、正常化させるには数年はかかります。

「校内暴力」期と違い、今ではあちこちの中学校で見られるわけではありませんが、徘徊は今も起きていますし、どこでもいつでも起きる問題です。

さて、対応のポイントは当たり前のことですが、徘徊の前兆を見逃さずに、前兆の段階に全力をあげることです（第1章⑭）。

徘徊の集団が形成されてしまったら、「授業妨害」「器物損壊」「対教師暴力」が起きないようにすることを優先せざるを得ませんので、重点は「外科的治療」に移行して、「内科的治療」はわずかにならざるを得ません（→「手引き」⑧）。

この「外科的治療」の実行にあたっては、全教師の合意と納得がないと続きませんが、よくあるのは当該学年への批判が噴出し、合意はしたものの心の中ではすっきりと納得していないために、より具体的な対応になるとバラバラになる場合です。

指導部と生徒指導主事の説得力が重要です。

W先生のクラスのX君が、徘徊するようになってしまいました。子どもは登校したら教室で授業を受けるものだと思っていたら、校内を徘徊して歩くなどという行動には驚きました。最初は叱って話せば、いくら何でも大丈夫だと思っていましたが、叱っても保護者と相談してもどうにもなりません。最近では、X君だけでなく他のクラスの生徒や上級生と集団化してしまいました。こんなことが学校現場ではあるのかと絶望しています。学校としての方針も定まっておらず、毎日、場当たり的な対応に終始していて、見通しは全くありません。いったい、どうしたらいいのか憂鬱です。

〈どう対応するか〉―規定の方針を貫く―

もし、この「校内徘徊」に対する方針がなかったら、すぐに決めることです。様子を見ている余裕などありません。数日でエスカレートすることがありますから、正常な状態に戻らなかったら、その日のうちにまず当該学年が、全教師から応援を求めるための具体的な方針をつくり、翌日には全体で合意をする会合を開きます。

また、既に妥当な規定の方針があるならばその方針を貫きますが、具体的なパトロールの配置を全授業について漏れなく決めることです。もちろん、実情に合わせて当該学年が一番回数が多くなることは当然です。

さらに、何をどこまで指導するか、学年の違う先生たちには何をお願いするか、どんな時には職員室にも連絡するか、などということまで決めて、先生たちが迷わないようにしておかなければなりません。

例えば、徘徊は新たな者の徘徊を生みますから、真似をする者がいたら、その日のうちに指導しなければいけない、などと。こういう方針を既に学校として確立していなければいけないのですが、学校によってはなんの方針もないため、混乱してからつくるという学校がありますが、それでは間に合いません。

〈学校の内外に徹底する〉――「壁」をつくる――

さて、規定の方針を実行した場合、先生たちは徘徊集団と通常は衝突することが多くなります。ここで、対応が二つに分かれます。

一つは〝衝突〟を避けることを最優先して、注意はするが厳しくそれ以上の指導はしない場合です。この場合はそれ以上の問題には発展しませんが、長期間徘徊が続き、結局は問題行動がエスカレートしていくことがほとんどです。問題行動には限界がありますから、限界まで悪化すれば、その時点で厳しく指導せざるを得ず、例えば「対教師暴力」などに至るでしょう。

もう一つは、徘徊し始めた初期の段階で、「授業妨害」「器物損壊」などに厳しく対応することです。事前に教師間で徘徊集団と〝衝突〟してもいいと決めておきます。例えば「授業妨害」が始まったら、その子を押さえます。物理的な力で押さえるのですが、体罰とは違います（「有形力の行使」→次項の②）。

私は用意周到な体制をとった上で後者の対応を勧めます。「徘徊集団」が大きくなると、どちらの対応をしても「授業妨害」「器物損壊」「対教師暴力」が発生する可能性は大ですから同じことです。また、前者の場合は一般的には、普通の子どもたちには「先生たちはただ見ているだけだ」とか「先生たちはだらしがない」などという印象を与えることになり、「中間的集団」（→「手引き」⑯）を育てるのが難しくなるからです。

いずれの対応をとる場合も、これ以上は絶対に認められないトラブル（問題）として、学校には「壁」がないといけません（→前章③、「手引き」⑲）。

壁には5つあります。ⓐ生徒集団の壁、ⓑ教師集団の壁、ⓒ親の壁、ⓓ地域の世論の壁、ⓔ法律の壁です。ⓐ～ⓓは、日常的な様々な取組でつくられますが、最後の「壁」は法的に対応する壁です。つまり、警察や関係機関と連携し「法的に対応する」ということです。

公立の小中学校が強制的な力を発揮するとすれば、最後はこれしかないのです。

②

「対教師暴力」が発生した

〈この問題をどう考えるか〉

最大の問題行動は「対教師暴力」です。それは教師が被害を受けるからではなく、暴力によってどんな理不尽なこともまかり通る無法状態の学校になってしまうからです。教室や廊下で喫煙する、校内を外履きで闊歩する、授業中のクラスの壁やドアを蹴って大きな音を出す、2階や3階から机・椅子などを投げ落とす、非常ベルを頻繁に作動させる、消火器を噴射させる、これらを注意した教師に暴力を振るう。まさに学校崩壊です。

これを聞くと、誰もが「教師側が毅然と厳しく対応していないからだ」「たかが子どもではないか」などと思うに違いありません。

ところが、とても難しいのは右のどの行為もやめさせるためには「有形力の行使（物理的な力）」（文科省「体罰の禁止及び児童生徒理解に基づく指導の徹底について（通知）」）が必要になります。すると、かなりの確率で「対教師暴力」が発生する可能性が高いため、その時どうするかを事前に決めておかなければ、有形力は行使できないわけです。

注意した教師が女性教師だったり小柄な教師だと、物理的な力は通用しません。柔道の有段者を揃えなければいけないことになります。ですから、「対教師暴力」が起きたら、原則として「法的対応」をとると学校の方針で決めておかなければ「対教師暴力」は防げないのです。〝原則として〟とは、例えば、教師側が先に殴ってしまったとか、偶然子どもの手が教師に当たってしまったとかいう複雑な経過がなければ、無条件に「法的対応」をするということです。

このことが明確に決まっていない学校は、その都度職員会議を開き、長時間に及ぶ議論をするか、それすら開かれず、曖昧なまま暴力は放置されることになります。

その結果、「あの子の時は被害届が出なかったのに、なぜうちの子の時は警察に被害届が出るのか」と保護者から抗議があり、結局、取り下げた学校もあります。

また、「法的対応」につきものなのは、「教育の放棄だ」「学校が警察の力に頼っていいのか」という〝正論〟です。もし、この正論の道を選ぶなら、どんなことがあっても教職員の力（腕力と英知）で、先の無法状態を克服できるという保障がないと、ただの無責任か無謀ということになるでしょう（↓「手引き」㉑）。

さらに難しいのは、どの程度のものを暴力と判断するのかという問題です。文科省は「指導されたことに激高して教師の足を蹴った」「教師の胸倉をつかんだ」「養護教諭目掛けて椅子を投げ付けた」などの例をあげており、病院で治療したかどうか、診断書は出たかどうか、痛みが激しかったかどうか、などは関係ありません。ところが議論になると、治療・診断書・痛みの有無や程度が判断の基準とする意見が噴出し、ほぼ決められません。

中学2年生の担任であるY先生は、授業中に徘徊していた3年生のZ君が廊下で騒いだため注意したところ、胸倉をつかむ勢いで殴りかかってきました。Z君がやめないので仕方なく押し倒した時に、Z君はひどく足を痛めてしまいました。多くの先生が止めに入り2人とも病院で手当てが必要なほどでした。Z君の父親は激怒しています。放課後に職員会議が開かれましたが、議論百出のうえ紛糾し、何も決めることはできませんでした。「Z君もケガをしたのだから、Y先生もやりすぎたのではないだろうか」という疑問まで出され、渦中のY先生はどうしたらいいかわからなくなりました。

〈どう対応するか〉―まず事実関係を確認する―

発生した時点で被害者（と思われる）Y先生と加害者（と思われる）Z君を別室に連れて行きケガの手当てをします。今回は2人とも病院での手当てが必要と判断されたようなので、病院にはそれぞれ別の教師が付き添い、同時に管理職にも報告します。

また、Z君の保護者にも起きた事実と現在の状況を連絡します。治療を優先し、終了したら学校で事実関係を確認するのは、他の問題行動と同様です。

「対教師暴力」の事実関係の確定で大切なのは、Y先生から手を出していないか、挑発的な言動をしていないかということです。両方ともなければ、〝いきなり〟起こった、ということになりますが、ここがポイントです。Y先生が先に手を出したのであれば「法的対応」は非常に厳しくなるのが一般的であり、また挑発的な言動が先にあれば、Z君の保護者は納得がいかず難しくなるでしょう。これについては警察署の判断次第で大きく変わりますから、よく相談しなければいけません。

〈方針のない学校〉――「当然のトラブル」は起きてもいい――

Y先生の学校は「対教師暴力」発生時の方針が明確になっていないことが問題です。したがって、とりあえずは生徒指導部や管理職の考えに従うことになります。その都度検討することになりますが、「法的対応」をとらないケースが多いです。そこには、はじめから「法的対応」はできるだけ避けたいという消極的で穏便に済ませたい気持ちがあるからではないでしょうか。そのため、議論を後回しにしてきたのでしょう。

おそらくY先生の学校は、「校長からも厳しく指導する」「保護者を学校に呼び話をする」などの一般的な指導方針しかないでしょう。それどころか、Z君の父親がX先生の対応に不満を表しているため、「厳しい指導」のトーンすら弱くなるかもしれません。「対教師暴力」が発生したら「法的対応」をとるという合意がないと、「当然のトラブル」は避けるしかなくなり、やがて学校は無法化していきます。

〈教師間の合意を確立しておく〉―「法的対応」を貫く―

方針が確立している学校ならば、Y先生は当然のことを注意して殴られたのですから、規定通り「法的対応」をしなければいけません。それなのに、Y先生の対応に疑問が出るようでは誰も注意できません。「当然のことを注意して起きるトラブル」なら起きてもいいという合意がないと、今後こうした問題に対応できなくなります（↓「手引き」⑳）。

合意さえ確立していれば、当然のことについて迷わず注意できます。その結果、「対教師暴力」が起こったら、管理職の許可を得て、迷わず「法的対応」に入ります。

「対教師暴力」が起きたら、加害者の子どもは別室で事実確認をします。被害教師の言う事実と照合しますが、簡単には一致しません。その場合、一致しない事実は並記して記録すればいいのです。一致しないことは「法的対応」を見送る理由になりません。大事なのは「対教師暴力」があったかなかったかということです。事実確認は、生徒指導主事か被害教師の学年の生徒指導係がいいでしょう。

事前に合意があれば、ここまで順調に進みます。最後に学校としての指導があるので、本人や保護者には管理職か生徒指導主事から「法的対応」をとると伝えた上で、今回のことに限って指導します。

機械的で冷たすぎでは？ と思う方もいるかと思いますが、「対教師暴力」は、普通の子が、ある日突然起こすことは極めて稀であり（私の経験では皆無）、いくつもの問題が重なり、しかもその指導には従わないという延長線上で起きるので、「心に寄り添う」「心情を大事に」「カウンセリング的対応」という段階はもはや超えているわけです。

同時に、合意は、全子ども＆全保護者に年度当初に毎年徹底しておくことです。私はこの合意をして学校内外に徹底してからは、「対教師暴力」は経験したことはありません。

また、「対教師暴力」の起きそうな場面や起きてしまった場合には、できるだけ多くの先生たちが駆けつけるべきです。「大勢が行くと子どもは興奮するから少人数にすべき」とか「人間関係のある先生が対応すべき」などという、もっともらしい理由をつける場合がありますが間違いです。「われ関せず」という教師は（子どもはそう受け取る）、一般生徒（「中間的集団」）からやがて支持されなくなります（→「手引き」㉔）。

③

大きな「器物損壊」があった

〈この問題をどう考えるか〉

これも様々なレベルがあります。既にそのレベルは、第2章⑪で整理していますが、念のため、もう一度確認しておきます。

ⓐついうっかりという偶発的な破損

ⓑ意図的な破損。担任への反発（以上二つは、第1章⑰）

ⓒ学年の教師たちへの反発と挑発（第2章⑪）

ⓓ大きな破損行為。学校に対する挑発や嫌がらせ（本項目）

ここで扱うのは大きな破損行為です。例えば、学校の外壁に大々的な落書きをする、校舎のガラスを時には数十枚も割る、消火器の消化剤を噴射させる、水飲み場の水道を廊下に向けて大量に長時間流し放しにして、廊下から階段下まで滝のように流れ落ちる、などです。

しかも、これらは夜中に校舎に侵入して行われたり、昼間であっても大半が見えにくい場所で行われたりしますので、やった者を直接発見できることはほとんどありません。現状を回復するには、費用や手間も甚大です。一般的には、このような「破損行為」は荒れの度合いに比例し、荒れた学校だが器物の破損行為はないという例は皆無といってもいいでしょう。

明らかに学校に対する嫌がらせか挑発行為と考えられます。したがって、この「破損行為」だけをなくそうと思ってもほぼ不可能で、〝荒れ〟の克服過程でしか解決できないと思わなければいけません。もはや、この時点で嘆いても意味がありません。それよりも根本的な〝荒れ〟の克服に全力をあげるべきでしょう。

学校に対する嫌がらせか挑発行為ですから、無視したり平静を装ってはいけないのです。例えば、何事もなかったかのように、子どもの登校前に修理してしまうと、やった者は「何だよ。これくらいじゃ、困っていないのか」となり、さらにエスカレートするでしょう。

その逆に、先生が烈火の如く学級で叱り、「名乗り出なさい！」「見た者は教えなさい！」という指導は、やった者は「そんなことに従う者なんかいないよ。これはおもしろい。もっとやってやれ」などと思うだけでしょう。これではエスカレートするだけです。特定が不可能に近い〝犯人〟捜しはほどほどでやめましょう。

具体的なことは後述しますが、今以上にエスカレートさせないことだけを目標にして、根本的な〝荒れ〟の克服にエネルギーを使うべきです。〝荒れ〟の克服過程では「中間的集団」の正義感も育ちますから、器物の破損行為も激減していくのが普通です。

A先生は生徒指導主事です。学校は荒れているため、破損行為もひどく、その対応に追われています。一番悩むのはやった者はほぼ見当がついていても、本人たちは認めませんし、証拠もありませんので、それ以上何もできません。生徒指導主事としては不甲斐なく悶々としています。どのように考えて、どう対応すればいいのか困っています。

〈どう対応するか〉―保護者に協力を求め、世論をつくる―

ではどうすればいいのでしょうか。例えば、大きな落書きならば放課後に堂々と消します。子どもの中には、そういう作業の好きな子もいますから、手伝ってもらいます。被害の規模によっては、ＰＴＡなどに依頼して保護者にも協力を求めます。

なぜでしょうか。世論をつくるためです。手伝った保護者や子どもだけでなく、たくさんの見学者によって、その日の各家庭では話題になるでしょう。「先生たちも、大変だね。あんた！　そんなことしたらダメだよ」などと。

消火器の消火剤を噴射させる例は、大きく荒れるとよくある行為ですが、そのたびに校内が騒然となるのを目的としているわけです。その結果、一般の子どもたち（つまり「中間的集団」）が授業が中断されて〝得をした〟〝楽しかった〟という雰囲気を漂わせるならば、この行為はなかなか減りませんが、〝迷惑な者がいる〟という気持ちをもつ子たちが増えると減っていきます。

もちろん、消防署と相談し非常ベルが鳴らないようにしてしまうとか、消火器を撤去してしまう処置を一時的にとることはあり得ると思います。私自身もそうせざるを得なくなった学校に勤めていましたが、子どもの安全を守る観点からは、本来は恥ずかしい話でした。ただし、経験的にいえば際限なく続くことはありませんから、あくまで一時的な処置です。

ところで、予想で子どもを疑ってはいけません。「どう考えても、この子以外にはいない」と思っても、客観的な証拠もなく本人も認めていない限り、〝犯人〟扱いしてはいけません。実際、予想外のことがあって違っていたなどということがあります。

〈「法的対応」も辞さない〉―デモンストレーション―

しかし、「荒れ」の克服過程で減っていくなどという、のん気なことは言っていられないならば、「法的対応」しかありません。ただし、大きな破損にもいろいろなレベルがありますから、一律「法的対応」をとるわけにはいきません。また、警察がやった者を特定できるかというと、その可能性はむしろ低いでしょう。本当の目的は、警察の実況見分などによる一種のデモンストレーションと思ってください。破壊行為をする側は、相当なリスクを背負うことになりますから効果はそれなりにあります。

学校には捜査権はありませんが、捜査権のある警察をもってしても特定できなかったのであれば、もはや学校では無理だということにもなるでしょう。むしろ、「法的対応」に頼ってでも、学校側は「許さないぞ」という姿勢を示すことが目的になります。

もちろん、一部の教師や保護者から「法的対応」に異論も出るでしょう。

そのためにも、先の世論づくりが必要なのです。放課後になると、教師は修理に追われたり、授業中に消火剤が噴出されて授業が中断されたり、非常ベルが鳴り響いたり、というのは学校としての機能が麻痺していると言わざるを得ないのですから、効果的な具体案のない異論はいただけません。

④

上級生から暴力を振るわれた

〈この問題をどう考えるか〉

「対教師暴力」の対応は「法的対応」を原則としますが、生徒間の暴力の対応は複雑です。理由が3つあります。

ⓐどの程度の暴力を暴力とするのか。

ⓑ暴力に至った経過に双方に理不尽な言動がなかったか。

ⓒ「法的対応」が妥当であっても、被害者にその意思はあるか。

最低、この3つを検討しておかなければいけません。

ⓐは、少し蹴ったとか、小突いた程度では通常「法的対応」はしないでしょう。被害者がもう二度となければ穏便にすませたいと思うのも無理はありませんので。

ⓑは、相手の上級生が一方的に暴力を振るったのであれば、「法的対応」はできますが、双方のやりとりの中で被害者側に不適切な言動があり、それがきっかけになっていると難しくなります。

ⓒは、後述しますが、学校側の姿勢が被害者本人の意思を左右します。

私自身の経験では、「生徒間暴力」で同じ学校の上級生が加害者の場合、被害届を出した例はあまりありません。やはり上級生でもあり、今後校内で顔を合わすこともあって、仕返しを恐れるからです。

しかし、再三にわたり言いがかりをつけられていたとか、二度目の暴力であったとか、悪質さや執拗さを感じた場合には届け出る例はありました。

さらに、「法的対応」といっても必ずしも被害届ではなく、警察の少年係などで「今後同じようなことをすると、どうなるか」という指導などにとどめる方法もあります。その結果、問題行動が抑制された例はたくさんありました。今では「学校・警察連絡協議会」という制度のある自治体がかなりありますので、非行防止の観点から学校の意向を尊重して柔軟な対応をしてくれます。

また、加害者が「深く反省しているから」「二度としないと言っているから」などの理由で、「法的対応」をしないとすると、この「法的対応」を形骸化させることにつながりますから、要注意です。被害者からすれば安心できる理由ではなく、この「反省」や「二度と」は教師側の主観的判断にすぎないからです。

どうしてもチャンスをあげたいと思う時は、右で述べたように警察の指導だけにとどめるなどの柔軟な対応にすればいいと思います（↓「手引き」㉕）。

B先生のクラスのC君が、上級生の3年生D君から昼休みに一方的に暴力を受け、顔面を4、5発殴られました。これまではなんの人間関係もなく、校内ですれ違う程度のことはあっても、睨む理由もありません。ケガは全治3週間で、顔は腫れ上がっています。生徒指導部に法的な対応を検討してもらったのですが、上級生のD君は暴力を振るったのは初めてであり、骨折などの大ケガをさせたわけではないので、「法的対応」はとる必要がないのではないか、保護者の判断に任せるべきだ、警察と相談して法的対応をとるべきだ、などと意見が分かれたそうです。管理職もそれでいいという判断だそうです。また、D君の担任からは進路のこともあるので、「法的対応」は避けたいという希望を聞いています。最終的にB先生に判断は任せられ、困ってしまいました。

〈どう対応するか〉―指導部が判断して対応すべき―

どんな場合も、まず事実関係を正確に確認します。特にC君の側が暴力を受ける前に、何か相手を挑発したりするような言動がなかったか、また校外も含めて加害者と何かかかわりがなかったかをD君とC君の双方から聞き取り、事実を確認します。その際、事実調べと指導は切り離し、警察への届け出や相談の有無を話してはいけません。

まず事実関係の確認をします。ここが一致していないと、後々になりC君、D君、保護者に学校の対応について理解をしてもらえないことが起きるからです。

その上でどうするのかを、指導部は管理職と相談して判断すべきです。これを担任に任せるのはとんでもないことで、これでは指導部の意味がありません。

もし、一方的な暴力と確認できれば、〈どう考えるか〉で説明したⓐⓑには問題がなく、ⓒということになりますから躊躇せずに法的対応をすべきです。

少し冷たくて機械的な対応ではないかと思う読者もいると思いますが、上級生がケンカでもなく深い前後関係もなく、下級生から「睨まれた」などの理由で暴力を振るうのは、上級生のD君はいわゆる「普通の子」とは考えにくいです。おそらく既に様々な乱れを示しているはずです。D君のためにも必要なことと考えるべきだと思います。

〈学校の意向をはっきりと伝える〉―被害者の保護者への姿勢―

指導部がⓒを選んだとしても、最終的には被害者のC君と保護者の意思で決まりますが、「さあ、どちらにしますか」式ではいけません。

そもそもⓒを選んだということは、再三の指導にもかかわらず何度も暴力を他人に振るっているか、今回の非を認めずまたC君に暴力を振るう可能性があるが、これ以上は学校の指導も限界である、などと判断したと考えられます。

ここをきちんと説明してC君と保護者には「学校としては次は起きないという保証がありませんから、被害届を出してはどうでしょうか」「もちろん、その後の学校生活でも二度とないように注視しています」と学校側の考えをはっきりと伝えるべきです。

この姿勢が学校側になければ、被害者は何の支えもありませんから、上級生の暴力を被害届として出すのはとても躊躇するのは当たり前です。

ところで、「校内暴力」期には「対教師暴力」も「生徒間暴力」も頻繁に起きていましたが、暴力は「法的対応」を原則とすることを宣言した場合、暴力は滅多に起きませんでした。しかし、この姿勢が曖昧な学校は頻発しました。

「これ以上は、どんなことがあっても認められない」という限界を示すことは、思春期の問題行動には必要なことです。限界が曖昧な学校は、一部の荒れた子たちが乗り越えてしまうと、さらにエスカレートします。こうして際限なく限界は低くなり、ますます無法化していったのです。

⑤

上級生から金品を取られた

〈この問題をどう考えるか〉

これは「恐喝」のことですが、「校内暴力」期には頻繁に起き、その対応には膨大な時間を費やしたものです。日常用語では「カツアゲ」といい、ある意味では最も解決しにくい問題でした。その理由は恐喝は証明しにくいからです。暴力は外傷などがありますから、加害者は滅多に否定できませんが、恐喝には目に見える証拠がありません。

加害者は荒れた子どもで、その後ろには校内や卒業生の非行集団がいたり、さらに暴走族にまでつながっていたりすることが多く、「恐喝」された子は脅すような言動がなくても、自ら金品を差し出すことになります。仮に加害者が警察に呼ばれても、「オレは脅していないよ。『明日5000円持ってきてくれよな』と頼んだだけで、翌日持ってきてくれたんだよ」とでも言えば、恐喝は成立しないでしょう。

そのため「法的対応」をとっても、警察は恐喝の証拠がないため見送ることになります。私はあの「校内暴力」期に「恐喝」の成立したカツアゲは1件も知りません。それくらい困難でした。あとはかかわらない、逃げる、殴られてもいいから出さない、などという防備策を教え、もし本当に殴られたり、脅されたりしたら警察に届けを出しても金品を渡してはいけません、などと指導していましたが、多分効果はなかったでしょう。

また、加害者に何とか認めさせようとして、じっくりと話を聞いたりしましたが、直接の加害者もまた上級生や暴走族からの指示（いわゆる「カンパ」「金集め」）であり、仕返しが怖くて本当のことを言うことはありませんでした。

つまりどうにもならないのですが、ではどのように考えればいいのでしょうか。

現在では頻繁に恐喝が起こるという学校はありませんが、こんなことが放置されては一般の子たちは安心して学校生活は送れません。しかし、「いじめ自殺事件」の報道でよくあるように、執拗に金銭を要求された事件は数多くあります。「いじめ」問題に隠れてしまい、学校現場での恐喝自体はほとんど話題になることはありません。

そこで恐喝などは安易にはできないという雰囲気をつくります。加害者の保護者に「恐喝の〝噂〟があり心配しています」とか、「恐喝の〝噂〟がありますので、お子さんに勘違いされるような言動を慎むように話をしておいてください」と頼んだりして、暗に知らせるわけです。すると、加害者には抑止力が働きます。なお噂の情報源は決して明かしてはいけません。

E先生のクラスの子が上級生のF君から、5000円をカンパと称して恐喝されました。本人は自分のほうから出したので、担任には言ってはきませんでしたが、家で母親に「怖いから出してしまった。また言われたらどうしよう」と相談してきたそうです。先生には言わないでということだったのですが、母親が担任に相談してきました。

指導部に相談しましたが、F君は容易ではないことを知っている指導部も困っています。

〈どう対応するか〉―防衛策を子どもたちに―

限られたことしかできませんが、「恐喝」には応じないという雰囲気づくりが第一です。

・「○○○円くらいのお金を集めてくれ」「カンパを持ってきて」と頼まれても、応じてはいけない。必ず、その日のうちに先生たちに相談すること。

・頑丈な者は殴られてもいいから断る（半分冗談も入ってますが、当時私は本当に言いました）。そして、すぐに病院で治療してもらい先生にも連絡。すると、これはほぼ100%警察に被害届を出せる。

・学級で断る練習もする。要求されたら、「うちはお小遣い制で持ってないから、使い道を言わないともらえないのでばれる」「買った物を見せないといけないんだ」「友達がいないから、集められない」などと答える。
・全家庭に学校から「恐喝には応じない」旨の文書を配布する。あくまで〝噂〟として情報を出す。「何年生で被害がありました」「最近、恐喝がありました」などということは絶対に載せない。「噂では……」「……という話が警察からあり」「学校に匿名電話があり……」などと確定した情報は出さない。
現在の学校にはここまでするほど蔓延していないと思いますが、これらの手法は他の問題にも有効です。

〈加害者への指導〉――〝噂〟で指導する――

通常は確定した事実で指導するものですが「恐喝」だけはそうはいきません。そこで先述したような〝噂〟だけで指導します。効果は薄れますが本人への抑止力は働きます。

目的は、恐喝は安易にはできないという雰囲気をつくるためです。

あくまで噂として指導するのですから、指導の際には言葉遣いには相当気をつけなければいけません。また、なぜ噂の段階で指導するのかという、学校側の意図（未然に防ぎたい、心配している、恐喝は10年以下の懲役で罪は重い、など）をきちんと話をすることが大事です。

加害者のF君本人には「実はこんな噂があって、心配しているんだけれど。大丈夫か。恐喝なんて絶対にダメだよ。もし、卒業生や上級生から指示されているんだったら、警察にも相談しよう」などと言えばいいのです。もちろん、本人は全面否定しますし、そんな指示もないと言うでしょう。それでもいいのです。本人は心の中で「やはりそうか。もうしないほうがいいな」と思ってくれればいいのです。

また、F君の保護者にも「こんな噂があって心配してます。F君にも話したところ、そんなことはしていないということなので、少し安心していますが、卒業生や上級生からの指示だと本当のことは言いませんから、お父さんとお母さんにも知っておいてほしいと思い話をしに来ました。しばらくの間、様子を見ていてください。恐喝は警察にも届けますから、何とか防ぎたいと思っていますので」などと話ができるといいです。

もし、保護者が本気になって聞いてくれれば、多分F君にも話をしてくれるでしょう。その話や指導をするのは、F君の担任ではなく、できれば生徒指導主事か学年主任です。

必ず防げるというといい方法はありませんが、恐喝は安易にはできないという雰囲気をつくることによって、抑止力に期待します。

保健室が「溜まり場」になった

〈この問題をどう考えるか〉

本来、保健室は子どもたちにとってなくてはいけない重要な場所です。ところが、時にはやっかいな場所になってしまうことがあります。

法律的な位置づけではなく、子どもの実際の利用の仕方は次の5つでしょう。

ⓐ擦り傷、切り傷などの簡単な治療をしてもらう場所
ⓑ心身の不調を診てもらう場所
ⓒ教室に行けない時に一時的に避難する場所（いわゆる「保健室通い」）
ⓓ不登校で教室には行けないが、校内で唯一行ける場所（いわゆる「保健室登校」）
ⓔ荒れた一部の子どもが、授業に出ずに溜まる場所

「校内暴力」期はこのⓔが生徒指導上の大きな問題の一つであり、膨大なエネルギーを費やしていました（↓「手引き」⑭）。今ではマスコミでは全く報道されませんので知られていませんが、少し「荒れた学校」では今も広くみられる現象です。

そのために空き時間の教師のパトロールを配置したり、特別にその対応にあたる教師の配置をしたりなどと、それを今いる教師でまかなうわけですから、「働き方改革」どころの話ではありません。

この「溜まり場」化が起きると、まず養護教諭の先生は大変な負担になります。右のⓐⓑの対応に加えて、ⓒの子の面倒、ⓓの不登校の子の面倒をみながら、ⓔの一部の子の「荒れ」にも対応しなければいけないのですから、想像がつくでしょう。

しかも、学校の生徒指導体制によってⓒⓓⓔは左右され、いつ正常に戻るかは指導部の力しだいなのですから、見通しがなければストレスは凄いと思います。

さて、結論から言うと、いったん「溜まり場」化してしまうと、人数が多ければ多いほど、本来の機能をもつ保健室に戻すのは不可能になってきます。私の見聞してきた限りでは、せめて1カ月以内に解消できないと、3年生の卒業まで解消できないことがほとんどです。

唯一の確実な解消策は、卒業するといったんゼロになりますから、これを3年続けると校内にはゼロになります。つまり、卒業させながら下級生には増やさなかったということにすぎません。これ以上は増やさないという、実に消極的な方針しかないのです。

ただし、下級生も一緒であれば、さらにもう数年です。

もちろん、単独で保健室に溜まる場合、解消した例はいくつもありますが、それが複数になり5、6人に増えると解消するのは難しくなります。

また、保健室の「溜まり場」化は常に「徘徊」を同時に伴うという、やっかいな問題に発展することがほとんどです。徘徊といっても1日中校内を徘徊しているわけではなく、保健室で生活しながら徘徊するのですから、パトロールをする先生たちは大変です。

したがって、そもそもそういう子どもたちを出さない取組が重要です。言うまでもなく、どんな問題行動もある日突然起きるということはありません。必ず前兆がありますから、そこを見逃さずに取り組むことです。この前兆の段階の取組は既に第1章⑭の〝授業中に頻繁に保健室やトイレに出入りをする子がいる〟や、第2章⑧の〝廊下、トイレ、保健室などを徘徊する子がいる〟などで述べています。ここでは保健室の「溜まり場」化にしぼって述べます。

G先生は3学年の学年主任です。ここ数年、頭を抱えている「保健室問題」があります。今年も9月頃から2年生の数人が、3年生と一緒に保健室に溜まるようになりました。総勢5、6人になってしまい、また来年も「保健室問題」が続くかと思うと憂鬱です。該当の2年と3年の先生たちが、スケジュールをつくってパトロールしたり、その子たちの面倒をみたりしていますので、まともな空き時間もなく大変です。解消の兆しもみえず、何かいい方法はないものかと悩んでいます。

〈どう対応するか〉 ―3年かけてゼロにする―

先に述べたように溜まるようになって、既に半年は経っているようですから、今さら解消しようと思い悩むのは無駄なことであり、ストレスが溜まるだけです。

見通しのない嘆きよりも、3年はかかっても現実的な道を選んだほうがいいと思います。その過程で案外と進展し、解消も早まるかもしれません。

その3年間で何をしたらいいでしょうか。3年生が数人、途中から加わった2年生も数人、合計5、6人と仮定しておきます。

一番の目標は1年生からは学年が進んでも、授業に出ない子（その結果、「保健室に溜まる」「徘徊する」ことが起きる）を出さないということです。

ところが、これが簡単ではないのです。1年生の時から、「保健室に溜まる」「徘徊する」上級生を何人も見ているのです。おまけに〝堂々と〟やっているのですから、「オレも来年はああいうふうにできるんだ」と憧れ（？）てしまいます。

また、1年の学年教師集団が「まだ1年だから」と「保健室問題」をあまり意識しなかったり、正反対に「1年のうちから厳しく指導していこう」と考え、その指導の中身がただの「服装・頭髪中心の規律指導」や厳しい校則指導であったりします。これでは偶然に解消されるまで待つことになるでしょう。

1年生だからこそ、「中間的集団」を育てる（→「手引き」⑯）ことです。別の言い方をすれば、授業と学級経営に力を入れることです。

もし、G先生の学校が対症療法だけに追われているなら、G先生は自らの学年でそれを実行することです。

〈「外科的治療」と「内科的治療」の併用〉―増やさない―

しかし、それでは今いる保健室に溜まっている子はどうすればいいのでしょうか。

まず、学校全体を騒然とさせるような言動については許されないことですから、厳しく対応することは当然です。具体的には教師が叱ったり、強制力を使ってでも防ぐことです。他の多くの一般の子どもたちを守るためでもあります。

これは「外科的治療」であり同時に必要なのは「内科的治療」です（→「手引き」⑧）。

内科的治療は本人が自らその気になるように導くことです。「保健室問題」ならば「授業をサボって保健室にいたり、校内をふらふらしているのはもうやめよう」という気持ちをもたせるということです。もちろん、簡単にはそんな気にはならないでしょう。多分G先生の学校にないのはここだと思います。

それには「『わけ』を探る」取組をしなければいけません。第1章①の〈どう対応するか〉―「わけ」を探る―、〈「認められる」体験があるかどうか〉などで具体的に述べていますが、この「保健室問題」ならこうなります。

勉強が遅れていても、多くの子は真面目に生活を送っているのですから、保健室に溜まる子たちには何か深いわけがあります。それを本人や保護者と何度も相談しながら、探すのです。たいがいは5、6人ですから無理な話ではありません。「僕は見捨てられていない」「僕はクラスで認められている」という感覚と体験があれば、クラスを飛び出して保健室に溜まったり、校内を徘徊したりする必要はありません。

本来、このような感覚や体験は、まず幼少期からの家庭で、そして小・中学校時代に学校生活で得られますが、保護者のかかわりが薄かったり、学校生活にその活動場所がないと得られることはありません（→「手引き」㉒㉓）。そのためには保護者と相談しますが、G先生は学年主任として担任と一緒に相談活動の中心になるべきです（→「手引き」㉖）。

第4章

保護者とのトラブル

教師を悩ませる問題の一つが保護者とのトラブルではないでしょうか。
ここでは「モンスターペアレント」といわれる大変な保護者を扱います。
しかし、教師側の対応が大変な保護者にしてしまっている場合があります。

①

「モンスターペアレント」はいるのか

〈この問題をどう考えるか〉

一時期、「モンスターペアレント」「クレーマー」「いちゃもん親」「バカ親」などの過激な呼称が話題になりました。ここでは「モンスターペアレント」(以下、モンスター)で統一します。

保護者の中には、いったいどれくらいの「モンスター」がいるものなのでしょうか。

私は、保護者と直接やりとりし、全校の子どもと保護者を把握できる立場でしたが、40年近い教師生活の中でも、学校全体で5、6年に1人いたかどうかという程度でした。

もちろん、モンスターがいた3年間は、対応に膨大な時間を費やし、若い教師であれば精神的にも辛い日々を送ることになります。

では、「モンスター」というのはどういう保護者をいうのでしょうか。

・理不尽な要求をしてくる(本章②)。

・どう説明しても納得せず、延々と続く(本章③)。

・確定した事実を報告しても、わが子の言い分を主張する（本章④）。

この3つのどれかに該当するなら、「モンスター」といってもいいでしょう。「まだまだいますよ」という先生もいるに違いありません。何かにつけて電話してくる、わが子が「こう言っている」と批判してくる、座席の希望や成績にまで口を出してくる保護者など。でも、これらは「面倒な親」とはいえますが、まだ「モンスター」ではありません。

教師のやることを好意的に無条件に受け入れてくれる時代は、とうの昔に終わっています。堂々と教師に異論を唱えられる時代ですから「面倒な親」が当たり前なのです。

そして、その「面倒な親」を本物の「モンスター」にしてしまう原因の一つに、学校の対応があります。わが子が学校教育を受ける前からの「モンスター」はいません。ただの「面倒な親」だったのが学校の対応によっては「モンスター」になってしまうのです。

「面倒な親」を本物の「モンスター」にしない対応方法を身につけることが大切です。

H先生はまだ経験3年目の教師です。いわゆる「モンスター」が苦手です。学年の先生たちから「あの親はモンスターよ」とか「モンスターらしい」という話も聞いていますが、来年あたり担任になるかもしれないと思うと憂鬱です。

〈どう対応するか〉—偏見をなくす—

同僚教師から「あの親はモンスターよ」と言われたり、小学校からの申し送り事項として「親はモンスター」などと伝えられたりすると、誰もが身構えてしまいます。

確かに「モンスター」はいますが、単なる「面倒な親」の場合がほとんどです。初めから偏見で決めつけてしまってはいけません。偏見をもって対応すると、言葉や態度に「早く終わってほしい」などの雰囲気を醸し出してしまいます。結局、信頼を失うでしょう。

自らの眼と耳で判断したいものです。つまり、保護者から表明された不満や批判を真摯に検討してみることです。例えば、席替えのわが子の不満を伝えてきた場合なら、不満の中身をよく聞き、席替えシステムの意図を説明します。その上で不満が妥当なものか、身勝手な主張なのかを判断します。すると、その不満は、席替え以前の学級生活上で起きたことに起因するものであったりします。実際の不満や批判というのは複雑なものです。

子ども自身はそのような分析ができませんから、結果として抱いた不満を母親に言ったのでしょう。ですから、不満や批判の事実をよく確認すること、担任の意図を丁寧に伝えることなどが必要なのです。それでも納得せず「席をわが子の言うようにしてくれ」と要求する親なら、初めて「モンスター」かもしれないとして学年主任や管理職と相談します。

〈「面倒な親」の真意を知る〉―不満や批判のウラにあるもの―

もう一つ大切なことは、「面倒な親」は教育に熱心であったり、わが子の問題を何とかしたいと思っていたりして、放任の親ではありません。だとすれば、不満や批判のウラにある真意をつかむことです。もっとわが子に「注目してほしい」「声をかけてほしい」「良いところも見てほしい」などの真意があるのです。しかし、それをストレートに「うちの子にもっと注目してください」「良いところを見てください」とは言いにくいのです。そのため不満や批判を通して回りくどいやり方で言ってくるのだと考えましょう。保護者にとってわが子はかけがえのない存在ですから、保護者の苦労や願いを知ることです。

G先生は偏見をもたないことが重要です。「モンスター」などというのは滅多にいません。ほとんどはわが子の誤解や勘違いの事実に基づいていたり、担任と保護者のコミュニケーション不足からくる不信感が互いにあって、わかり合えないだけと思ってください。

長い教師生活では少なくとも数百人以上の保護者に対応することになりますが、常に保護者のみんなが自分を支持してくれるはずだと思ってはいけません。若いうちにこそ、対応の技術を積むチャンスです。

なお、保護者との共同については、私の別の著作をお読みください（↓「手引き」㉖）。

〈最後まで聞いてから、考えを伝える〉―心理的事実には理解を示す―

保護者から不満や批判があったら「とんでもない」と思っても、途中で反論したり担任の主張をしたりしてはいけません。うまくいかない先生に共通しているのはこれです。

保護者には言いたいことについて十分話させます。話し終わったら「なるほど、お子さんはそう受け取っていたのですね。それならばわかります」「もし、それが本当ならばお母さんが心配するのはわかります」などと間を置きます。

子どもが感じたことや母親の心配は「心理的事実」です。一方、実際にあったことは子どもの言う通りではなかったりしますから、「客観的事実」は別にあることがあります。ですから、「心理的事実」に理解を示したからといって、保護者の言い分を認めたわけではありません。理解の示し方は丁寧に言葉を選んでください（傍点に注目！）。

もちろん担任として不十分な点は認めなければいけませんが、悪意のある保護者（例えば、本物の「モンスター」）は認めたことだけを捉えて、エスカレートさせ、「土下座しろ」「担任を辞めろ」などと発展させるケースもありますから、くれぐれも普段からの信頼関係に気をつけてください（この理不尽な要求のケースは次の②を参照）。

さて、最後まで聞いてあげると少し冷静になりますから、それから丁寧に事実関係や意図を伝えます。その場合も決して責めてはいけません。子どもを良い方向に導くのが目的ですから、今後共同していくための意思を相互で確認し合うのです。保護者が言って良かったと思えるような協力体制が取れるならば、成果は大きかったということになります。

〈家庭訪問などの対面にする〉―学年体制で対応―

保護者が、担任より年上の場合は学年体制での対応が必須です。

まず、電話による話し合いは絶対にしてはいけません。顔が見えないやりとりは言外の表情、口調、態度などから得る情報がなく、効果的なコミュニケーションは成立しません。できるだけ、家庭訪問か学校での話し合いを選んでもらいましょう。

次に、学年主任か人間関係のある教師が同席するなど複数で対応します。威圧的になるから1対1がいいという考えもありますが、若い担任なら適切ではありません。3人くらいは同席しても問題ありません。むしろ重要視している姿勢を示すことになります。

加えて、後々、必要になるケースがあるため、電話の段階から記録を取っておきます。

「面倒な親」の対応を間違えると本物の「モンスター」にしてしまいますが、信頼関係を築けると、担任や学校の応援者になってくれます。保護者との信頼関係とは、「この先生なら困った時に頼りになりそうだ」という思いをもってくれることをいうのです。

理不尽な要求をしてくる保護者に困っている

〈この問題をどう考えるか〉

本項は次々と新しい理由をもちだして納得せず、最後は理不尽な要求をしてくる場合、次項③はどのように説明しても納得せず、延々と続く場合、④は事実を認めない場合です。いずれもわが子を守ろうとしている点だけは共通しています。

本項の理不尽な要求とは、「土下座しろ」「一筆書け」とか、「高校に落ちたのは進路指導が悪いからだ。受験料2万円を返せ」なとと金品を要求するなどの類から、トラブルの相手を「転校させろ」「あの子のテストの点数と同じなのだから、成績を1つ上げろ」まで、常識から逸脱している要求です。絶対に屈してはいけません。

いくら説明してもこれらの理不尽な要求をしてくるなら、「ここからは管理職と話し合ってください」と打ち切るのがいいと思います。

また、こういう保護者もいます。ある保護者から校長宛に、「子どもが配布物をもらってこない。担任が配布していないのでは？」と電話で抗議があったそうです。担任はきちんと配布しているので、調べた上で「多分、机の中かロッカーにいつも入れたままのようです」と伝えました。すると保護者からは「うちの子はだらしがないことを担任も知っているはずで、4月当初に言ったはずだ。それを指導するのが教師だ」と納得しません。その後も時々、配布物を親に渡していないことがあり、担任に「帰宅後に親に渡す指導をなぜしないのか。指導力がないなら担任を替えてほしい」とまで要求する始末です。これは横浜市内であった本当の話です。

次々と担任や学校側のせいにして、際限なくやりとりが続くという理不尽なケースです。

この理不尽な要求に1年以上も振り回された例を知っていますが、これは担任や生徒指導部だけで対応せず、管理職や教育委員会とも相談し、できればこのレベルは管理職や教育委員会と保護者の話し合いにもっていくべきです。

つまり、担任をこの保護者の対応から完全に外してしまうのです。そうしなければ、教育活動に重大な支障が生じるからです。

I先生は掃除の時間にJ君が遊んでいて、真面目に掃除をやっていなかったのでやや厳しく「ちゃんとやりなさい！」と注意しました。その日の夕方、父親からI先生に「なぜ、うちの子ばかりを叱ったのか。子どもは学校に行くのを嫌がっている」と抗議の電話がありました。その日から、1カ月経てもまだ父親の抗議は続いており、今では「来年はうちの子の担任にならないと一筆書け」と要求されています。

夜、自宅にまで電話がきます。電話がくるかもしれないという不安に襲われ、ほとほと疲れ果てました。

〈どう対応するか〉―すぐに学年主任に報告―

掃除中の本人の様子や他の子たちの様子を話した上で、真面目にやっていなかった事実を説明します。意図的にJ君だけを注意したわけではないと説明しても、「担任にならないと一筆書け」という要求にまで発展するならば、かなり異常で理不尽な要求です。

おそらく、1回目や2回目の電話でいきなり、「一筆書け」となったわけではないはずですから、もっと早く学年主任に報告し相談すべきでした。

ついつい、何とか説得してわかってもらい、この問題を収めようとする気持ちはわかりますが、既に何らかの理由で感情の行き違いが生じているようです。そういう時は、第三者（この場合は学年主任）が介入すると相手も冷静になることが多いです。

もっとも、このような保護者とのトラブルをオープンに話せる雰囲気が学年の教師集団にないとなかなか相談はできません。担任としての能力が疑われると思い込み恥ずかしいと思ってしまうためです。

実は、こじれてしまう一番の理由は初期対応、特に1回目と2回目のやりとりの段階なのです。この時に適切でないと相手の保護者は感情的になり、一気に「モンスター」化してしまうのです。

普段から学年の教師集団の共通理解として、「保護者から苦情や不満、批判が寄せられても担任の恥と思う必要はない。問題は初期対応を間違わないことだから、必ず経験者や学年主任に相談すること」を徹底しておくことです。

また、対面で話し合う、複数で対応することを原則にし、必ず毎回の記録を残すことです。管理職への報告も必要です。

〈担任は対応から外す〉―管理職に対応してもらう―

担任と学年主任が対応しても進展がなかったり、さらに要求がエスカレートしたりするような場合には、今度は担任をこの保護者との対応から完全に外すことです。

こう宣言すればいいのです。宣言は学年主任がするといいです。

「その要求はもはや担任が決められることではありませんから、学校長と話し合ってください。担任はその結果に従います」

「これ以上続けると、担任の仕事が正常にできませんので、あとのことは学校長と話し合ってください」

それでも学校や自宅にまで電話がきたら、「すみません。その件については学校長が対応することになっていますから、そちらにかけてください」とはっきり断ります。

学校に来たならば学校長に回し、自宅に電話がきたならば「学校長にかけてください」と一方的に切っても構わないと思います。夜遅く、しかも長々とその種の電話が頻繁にきたならば精神的にも病んでしまいます。

このような対応が冷たい対応であるとか、火に油を注ぐことになりはしないかと危惧する人もいるでしょうが、もはや信頼関係もなくなり、感情的にも何かしこりをもっているのでしょうから、担任とその保護者だけの関係ではいい方向は生まれません。いったん、話し合いの相手を変えると、保護者も矛を収めるきっかけになることがあります。

③

どう説明しても納得してくれない保護者に疲れる

〈この問題をどう考えるか〉

本項の特徴は、特定の信念や教育論に基づいて「わが子にはこうしてくれ」と要求してくる場合です。あまりなさそうですが、実は、前項②の保護者の中にはたくさんいます。特定の信念や教育論に基づいているからこそ、納得せずに延々と要求が続くのです。

担任としての考えや意見は述べますが、納得しない理由が特定の信念や教育論だと気づいたら、論破しようなどと考えず、信念や教育論を認めた上で、次のように言います。

「お母さんの考えはわかりましたし、そういう考えの人も知っています。ただ、学校教育の目的は違います。私たち教師は個人的な特定の教育観でやっているのではなく、憲法や教育基本法、本校の学校教育目標などに基づいてやっています」などと言ってみてください。少しでも相手の主張を認めることによって、保護者の態度は軟化することが多いです。それでも執拗に迫るならば、「本校の学校教育目標とは大きく異なりますから、後は管理職と話し合ってください」と打ち切りを宣言するしかないのではないでしょうか。

K先生は学習だけでなく、学級経営や行事にも一生懸命に取り組んでいます。学級の係活動や学校行事でも子どもたちを活躍させようと、放課後も活動することがありました。ところが、7月の初旬、Lさんの父親が来校し、「うちの子には放課後は自由にしてほしい。行事では係などの役割を与えないでほしい」と言われました。真意を聞くと「家には家の考えがあり、係や行事にかかわっている時間がない」ということのようです。K先生はあるべき教育について説明しましたが、おそらく考え方は永遠に一致しそうにありません。Lさんだけ放課後活動を免除したり、行事での役割を軽くするなどの特別扱いはできないので困ります。Lさんの父親とまた衝突しそうです。

〈どう対応するか〉―信念や教育論の違いは認める―

保護者の教育論と教師のそれが完全に一致するなどということは、ほとんどありませんし、一致する部分が少しでもあれば、その部分では互いに認め合うことができます。実際の教育はそうやって進むもので、完全に一致する必要もありません。つまり、保護者と共同する時は、一致した部分で相互理解を深め、それをさらに広げていくのが肝要です。

いったん、Lさんの父親の信念と教育論は認めることです。例えば、「自分の信念とは違うがそういう考え方の人もいますし、わかります」と。

その上で、「Lさんにはいいところがたくさんありますし学力も相当に高いですね。しかし、学校教育は全員同じ教育論で進めることはできません。違う考えの保護者もたくさんいますから」と担任の考えを明確に伝え、特別扱いはできないと、はっきり言います。

しかし、Lさんのいいところは前面に出して（ついでに付け足したという感じではなく、取り立てて）認めたりほめたりします。どんな保護者でも悪い気はしませんから、担任を支持できる部分を少しはつくることができます。通常の保護者は担任が部分的であっても理解を示してくれれば、態度は軟化します。それでも父親が自らの信念や教育論を主張し、譲らないならば平行線が続くことになりますが、もはややむを得ないでしょう。

〈管理職に任せる〉―子どもを認めてほめる―

執拗に特別扱いを迫るのであれば、ここからは管理職に対応を移行します。

一番多いのはLさんが、父親の指示に従って放課後活動を拒否したり行事に参加したりしなくなることです。この場合は他の子と全く同様に対応します。家庭の教育方針を批判したり、Lさんの人格を非難したりしてはいけません。担任としての通常の指導をしていけばいいのです。教育論は違っても、子どものいいところは認めてほめるのがコツです。

④

確定した事実を報告しても、わが子の言い分を主張する

〈この問題をどう考えるか〉

どう説明しても納得してもらえないケースに、わが子の言い分を鵜呑みにして譲らない場合があります。

そもそも起きた事実を認めないのですから、次の指導には進めなくなります。

この種のことは「校内暴力」期（1970年代後半～80年代）にはよくありました。ガラスを割る瞬間を見た学校側が保護者を呼び事実を伝えたところ、子どもは「やっていない。どこに証拠があるんだ」と主張して、保護者は「私はわが子の言うことを信じます」と。果ては、「先生はうちの子を信用しないのか」と攻撃してきました。

そもそも「事実」が一致しないのですから、もうこれ以上の指導はできません。

このようなケースは極端な保護者ですが、例えば「いじめ」や「ケンカ」で暴力を振るった加害者やその保護者を呼ぶと、実際の事実はもっと複雑ですから、加害者側がわが子の言い分を信じて簡単には起きた事実すら一致しないというのはよくあることなのです。

例えば、つかみ合いからケンカになると、どちらが先に手を出したかは決め難いことが多いです。被害者の手が、先に触れた程度のものであったり、偶然に相手の体の一部にぶつかってしまったものであっても、加害者側の保護者が「わが子は先に殴られたと言っている」と譲らない例はよくあります。

中には言葉の暴力も暴力だと主張するケースまでもあります。こうして、加害者だと確認して保護者を呼んだところ、いつのまにか加害者が被害者だと主張し、「学校は何を指導しているんだ」と、非難の矛先は学校に向けられて泥沼化します。

もし加害者側が事実を認めず、被害者側もその指導の責任を学校側に執拗に問うなら、もはや学校として対応できることではありません。双方の保護者には、警察に依頼してくださいと打ち切るしかありません。学校には捜査権というものはありませんので、ここまでが限界です。

M先生のクラスのN君がO君とケンカをしました。事実関係を調べたところ、いくつかのやりとりがあった後にN君がO君を殴ったようです。周囲にいた者からも確かめ本人に事情を聞いたところ、本人は殴ったことは認めましたが、相手が先に蹴ったからだと主張し自分が悪いわけではないと言います。しかし、どう調べてもO君は何もしていません。

O君も彼の保護者も謝罪してくれれば良いということなので、N君と保護者を呼び事実関係を伝えました。

ところが、N君の母親は「うちの子は相手が蹴ってきたから」というわが子の言い分を鵜呑みにし、謝罪はしませんでした。実は、これまでにも何度かありましたが、いつも「わが子がそう言っているので、それを信じます」と主張して埒があきません。

〈どう対応するか〉—事実が一致しないと限界がある—

このように事実が明確なようなものでもこじれることがあります。実際の暴力というのは明らかに一方的で突然のものでない限り、いくつかのやりとりがあって起きますから、そのやりとりの中で体が互いに接触することはいくらでも起きます。

すると悪意のある者であれば、相手が先にぶつかってきたなどといくらでも正当化できてしまうのです。しかし、通常の保護者であれば学校側の綿密な事実確認を知り、わが子の非を認め謝罪に向かいます。

ところが保護者によっては、たとえ証人がいても、それでも「わが子がしてないと言っているので、それを信じます」と主張しますので、それ以上の指導には限界があります。

このようなケースは滅多にないと思ってはいけません。もし、O君が殴られるのを見たと言う証人がいなければ、悪意のある加害者とその保護者ならば、ほとんどがこうなってしまうのです。あってはほしくないことですが、このような例はあちこちにあるのです。

実際には、大半の加害者の保護者はわが子の非を認めて、二度としない子にさせなくてはという思いをもっていますので、学校現場は救われているだけなのです。

〈被害者と相談する〉—警察に依頼する—

もし、被害者が加害者にしつこくつきまとわれていたとか、二度目であったとか、酷いケガをしたにもかかわらず、加害者の保護者がわが子の言い分を信じる場合には、学校側は警察に依頼することを被害者側と相談すべきです。この加害者の保護者には打つ手がないのですから、学校としてもはや効果的な方策がないので当然のことです。

この当然のことに躊躇していると、「いじめ自殺事件」などによくみられることが起きます。「いじめ防止対策推進法」とともに策定された「いじめの防止等のための基本方針」の別添2「学校における『いじめの防止』『早期発見』『いじめに対する措置』」では、文科省ははっきりと「学校や学校の設置者がいじめる児童生徒に対して必要な教育上の指導を行っているにもかかわらず、その指導により十分な効果を上げることが困難な場合…（中略）

…学校はためらうことなく所轄警察署と相談して対処する」としています。

これは「いじめ問題」の場合ではないのかと、とんでもない誤解をしている学校もありますが、「いじめ問題」の暴力と、他の場面で起きる暴力には何の違いもありません。

もちろん、被害者側の合意があれば被害届を出しますが、たとえ被害届がなくても警察との相談をしてよいのです。しかも、右の文書の続きには「なお、児童生徒の生命、身体又は財産に重大な被害が生じるおそれがあるときは、直ちに所轄警察署に通報し、適切に援助を求める」（傍点は筆者）とあります。「おそれ」の段階で、「直ちに」相談ではなく「通報」という、被害者を徹底して守り抜くという立場がわかります。

加害者の保護者に「わが子の言い分を信用する」という姿勢がある場合、被害者を徹底して守り抜く立場が特に必要です。

現実の学校にはいろいろな事情がありますから、もし確立していないならば、早急に確立することです。多くの学校が作成している「いじめ防止基本方針」には、警察への相談や通報を掲げていますが、それは建て前であり、実際に運用するにはいくつもの条件があり、滅多に運用するものではないと理解していることがほとんどです。

ほぼ同様の通知が「いじめ問題への的確な対応に向けた警察との連携等の徹底について（通知）」として令和5年2月に出されています。

第5章

地域でのトラブル

これも学校の仕事なのか、と思わせるものに子どもが地域で起こしたトラブルの「苦情」の対応があります。

学校が地域社会とトラブルを起こすのではなく、子どもたちが地域で起こすトラブルなのに、莫大な時間を費やしています。

①

万引きをした子がいる

〈この問題をどう考えるか〉

万引きは、かつて少年非行の代名詞であり、非行の入り口と言われていました。ところが、今や万引きは少年を上回り高齢者に激増しています。万引きをする高齢者は、配偶者のいない人やひとり暮らしの人が多く、孤立している傾向があるそうです。

万引きGメンの伊東ゆう氏は、著書で貧困のために万引きをする場合もあるが、『孤独感や疎遠な家族関係といった心の寂しさ、肉体的な病気や心の病などの苦しみから物を盗む老人』が急増している」といいます（『万引き老人』双葉社、２０１６）。

昔から「思春期の盗みは愛情の請求書」と言われますが、私の本棚にある60年以上前の「教育心理学」の本の「人間ができていくしくみ」という項目にこの言葉が載っており、今も昔も高齢者と少年の万引きの心理が同じということに少し驚きます。以上から、道徳意識が低いからだといくら説教しても効果がない可能性が高く、貧困から万引きするとも限らないことがわかります。やはり、家族関係に行き着きます（↓「手引き」㉗）。

保護者とのかかわりが希薄であったり、学校に居場所がなかったり、愛情不足が関係しているようで、高齢者の孤立とよく似ています。万引きの一因は「好奇心から」「スリルを楽しむため」「他の子もしているから」「友達に誘われ断れなかったから」等があげられますが、親に愛されている実感のもてない子が、ストレスや不安を感じ、親の関心を惹くために手を染めると考えられます（後述しますが、だから親の事後対応が大切）。

盗みは商品を盗んでいるのではなく、愛情を盗んでいる、と言われる所以です。さらに、親や友達とのかかわりが希薄な子は、万引きに歯止めがかからないのです。

なお、少年非行の半数以上は「窃盗」であり、その「窃盗」の大半は「万引き」です。かつては中学生が主流でしたが、２０１７年に中学生を逆転して小学生の万引きが急増しているのが最近の特徴です。小学生の非行の約7割が万引きだといわれています。しかし、小学生や高齢者の比率が高くなるのは、手口が安直で、体力的にも捕まりやすいためともいわれています。

私のクラスのP君は近くの店からお菓子を万引きし、学校に連絡がきました。店側は警察には通報しないので、学校で対応してほしいとのことでした。

別のクラスではQ君が近くの大型店で文房具を万引きしたところ、店側は警察に通報したそうです。その後、店から学校にその旨の連絡だけがありました。私の疑問は、Ｐ君とＱ君は単独で万引き額もほぼ同じなのに、店側の対応が違うため学校の対応も全く違います。これでいいのでしょうか。

〈どう対応するか〉―店からの連絡の場合―

万引きを発見した際、警察に通報するかどうかは、被害側が決めることですから、２人の措置が違うのは当然です。問題は、学校と保護者側の対応がどうあるべきかです。

店側から連絡があった場合、まず店側の要望を確かめます。後の措置（謝罪や弁償など）を頼みたいのか、保護者に連絡がつかないから身柄を引き取ってほしいのか、警察に来てもらうから知っておいてほしいのか等。どの場合も学校としての指導が必要になるため、かなりの時間を費やすことになりますが、現時点ではこの仕事も学校の仕事になります。

一番重要なことは、保護者の対応です。Ｐ君には万引きの罪の重さを話すことは必要ですが、たいていの子どもは善悪を知っています。知っていても万引きしたのですから、今さら善悪について説いても歯止めにはなりません。歯止めは、Ｐ君の保護者がＰ君を店に連れて行き、保護者の謝る姿や悲しむ姿を見せることです。さっさとお金を払って終わらせようとする保護者もいますが、最もしてはいけない対応です。

なお、学校が身柄を預かった場合には、事実確認などもしますが、保護者に直接引き渡すまで1人にしてはいけません。子どもの心の中は親に叱られる、心配をかけた、恥ずかしいという気持ちで不安に満ちていますから、目を離してはいけません。

Q君の場合は店側が直接警察に通報しました。原則として学校側がかかわる必要はありません。警察が必要と判断すれば、いずれ連絡がくるでしょうが、これは自治体や警察署によってまちまちです。また、以前はお客さん離れを恐れて店側が直接警察に通報することは、ほとんどありませんでしたが、最近は万引き被害が多いため、原則通報としています。しかし、年齢が低かったり、手口から初犯であったりすると、温情措置で通報を控えるケースもあります。

〈警察との連携は〉—初犯か常習か—

万引きした子の大半は「初めてやった」と言います。しかし、本当かどうか本人以外は誰にもわかりません。多くは捕まった時点で初犯ではなく、何度も経験しているか常習化している場合が多いです。だんだん慣れてきて大胆になり捕まったわけです。

本当に初犯であった場合には、店側に親子で丁寧に謝罪し、しっかりと対応すれば、私の経験からは大半は一過性で終わります。逆に常習や集団万引き、盗品を売買している場合には、初犯であろうがなかろうが警察と連携すべきです。万引きは初犯の時に正しく対応（保護者の姿勢なども）すれば一過性で済むことがほとんどですが、うまく見つからずに二度三度と回数を重ねると、万引きをやめることはとても難しくなります。

〈〝窃盗罪〟であることを教える〉—各家庭に情報を伝える—

子どもたちは意外と万引きの情報をもっています。「あの子はよく万引きしている」「あのゲーム機は○○店から盗んだらしい」などと、根拠のない噂も流れます。こんな噂がまことしやかに流れると、万引き行為が触発されるのかもしれません。

その防波堤の一つとして、各家庭に警察や店側の情報を伝えて親子で話し合う機会があげられます。例えば、「万引きは必ず警察に連れて行かれるのよ」「防犯カメラで常に監視しているよ」「万引きGメンがいるよ」などと。

もう一つは、学校で万引きは犯罪であると教えることが肝要です。軽い罪のようなニュアンスがありますが、「10年以下の懲役または50万円以下の罰金」が科せられる〝窃盗罪〟という犯罪ですと。これも各家庭に「学校だより」や「学年通信」などで伝えます。

②

登下校中にゴミを散らかすという苦情がくる

〈この問題をどう考えるか〉

特別に大きな問題をもっているわけではない普通の子が、登下校中に地域に迷惑をかけてしまい、電話で苦情がくる場合がよくあります。飲食をしながら歩き私有地にゴミを投げ捨てる、道端で大声で騒ぐ、公園で喫煙している、横一列になって道路をふさぐ、などです。行ってみると、自校の生徒ではなかったり高校生だったりということもあります。それでも連絡があれば、直ちに複数の教師で駆けつけます。急を要するものではなくても、その日のうちに事情を聞きに行くようにします。

常識を越えた時間ならば別として、時間外であってもまだ教師がたくさん残っているならば、やはり対応したほうがいいでしょう。苦情を言ってくる側は、多くはどこに連絡したらいいかわからず困っていることが、ほとんどだからです。やはり事務的ではない誠意のある対応がまず必要です。

しかし、苦情が頻繁であったりした場合には、誠意ある対応をしながらシステムをつくるために、地域の自治会や町内会の役員さんと話し合い、迷惑行為の訴え先を種類分けします。訴え先を保護者に、警察に、学校に、役員に連絡するなどと分けます。

また、掲示板や回覧板で呼びかけてもらいます。そうすることによって、学校に何でもかんでも通報してしまうのではなく、地域の問題は地域の住民に考えるようにしてもらいます。「深夜徘徊」や「溜まり場」問題では力を発揮することになります。

そのためにはまず誠意のある対応があってこそ理解されることなのです。

対応後には、通報者への経過と指導結果の連絡、お礼なども忘れないようにすることです。記録も必ず残しましょう。

R先生は中学校の生徒指導主事です。地域から苦情がいろいろきて困っています。数が多いだけでなく教員の協力が得られないことが一番の悩みです。先日も放課後の仕事中に「下校中の中学生がゴミを散らかしていった」という苦情がきました。騒いでいるのでなんとかしろ、喫煙をしているからやめさせろなどの苦情もよくあります。「これでは仕事もできない。『勤務時間外は対応しない』とすべきだ」という意見があり、どうしようか迷っています。

〈どう対応するか〉 ―まず現場に駆けつける―

様々な意見があっても、地域の苦情にまで対応している教師の姿を見せることが大事です。文句や批判が出て動かない学校は支持されません。誠実に対応してはじめて学校の大変さを理解してもらえます。住民は迷いながら通報していることがほとんどです。

通報は最後まで聞き、途中で「それはうちの生徒とは限らないですね」「もういないなら、どうにもならないですよ」などと、口を挟んではいけません。そう思ったとしても現場に駆けつけて、先生たちの眼と耳で確かめましょう。

また、電話で詳しい事情を聞いたりしていては、緊急の対応はできません。場所や起きていること（起きたこと）、子どもたちの人数など最低限のことがわかれば、必要な先生たちの人数がわかりますから、すぐに対応することです。さらに、学年の見当がつくなら該当学年の先生も行きます。もしゴミの苦情ならゴミを拾い、通報者がわかれば詳しく事情を聞いて謝罪します。その上で学校としては指導にも限界があることを伝えましょう。

普段の丁寧な対応が地域住民からの支持を得ていきます。困った時だけ協力をしてもらおうと思うのは虫のいい話です。保護者はわが子が卒業すれば地域の一住民になり、一住民はかつて自校の保護者であった可能性があります。目先の苦を嫌って楽を選んでいたら、貴重な応援者を失ってしまいます。

〈自治会や町内会の役員と話し合う〉──主事の仕事──

それにしても、頻繁に苦情がある場合は次のようにしてはどうでしょうか。私はかつて勤めていた学校でやりましたが、幸いにも激減しました。

地域の自治会や町内会の役員さんと話し合い、迷惑行為の訴え先を種類分けします。どういうことかというと、これまで中学生らしき子どもの迷惑行為は何でも学区の中学校に通報していたものを、迷惑行為の種類によって通報先を分けて、学校に集中することを減らしてもらうのです。例えば、飲酒・喫煙なら警察へ通報、公園で騒いでうるさいなら、自治会などの役員を窓口にして相談、中学生らしい子どもが公園や住宅の敷地にたむろして迷惑なら学校へ通報などと種類別に決めておきます。すぐに解決はできませんが、何でもかんでも学校に通報しないという雰囲気は生まれます。

また、自治会や町内会は小さい単位ではなく、地域の連合自治会などの単位がいいでしょう。このような会合に出かけて訴えるのも生徒指導主事の仕事の一つです。

こうしたことができる立場の先生は、R先生しかいません。くれぐれも「勤務時間外は対応できません」と機械的に運用しないほうがいいと思います。

深夜徘徊の苦情がくる

〈この問題をどう考えるか〉

「校内暴力」期（1970年代後半~80年代）、深夜徘徊をしない非行生徒は1人もいませんでした。そこから非行に入りエスカレートしていくのが一つのパターンで、これは今でも同じです。しかし、放課後の校外でのことであり保護者の協力も不可欠で、なかなか学校の取組は難題でした。「深夜徘徊」の原因はとても根が深いからです。深夜徘徊をする子は、家庭では保護者が愛情をもって接してくれている実感をもてず、学校では居場所もなく、人から必要とされたり認められたりした体験も少なく、自己肯定感も低いのです。そのため、深夜徘徊の仲間集団にそれを求めているのです。「基本的欲求」（↓「手引き」㉒）が満たされていない典型的な子たちです。

単独で徘徊することはほとんどなく集団で徘徊し、大騒ぎ、喫煙、飲酒、時には薬物なども伴います。集団のため罪の意識が低く、自ら抑制したり解散することもありません。

この集団が深夜に徘徊することによって、周辺の住民から学校に苦情がきます。

・「深夜になると公園に溜まり、騒々しくて眠れない。どうにかならないのか」
・「近くの空き地に深夜になると集まり喫煙・飲酒している。ゴミも散らかし放題だ」
「校内暴力」期にはこのような苦情に残業中の教師が対応したものです。

S先生の学校には、最近、深夜徘徊の集団ができました。深夜に大声で騒ぐためうるさくて眠れないなどの苦情が学校にきます。該当すると思われる子どもたちに話をしても、大半は事実すら認めません。校外のことなので、これ以上の対応もできず困っていますが、効果のない一般的な指導だけでいいものか悩んでいます。

〈どう対応するか〉 ―警察と連携する―

徘徊する大半の子たちは、保護者の言うことを聞きません。また、ひとり親の家庭ならば親は仕事で夜遅く帰ることが多く、大人の眼が届かない所で生活しています。

こういった環境で何年も過ごしている子たちは、「親から愛される・必要とされる」体験が少なく、学校でも「認められる」ことがなければ、どんな集団でもいいから自分を相手にしてくれる、認めてくれる集団を求めるでしょう。ですから、この徘徊集団からの脱退や集団そのものの解体はとても難しく、ほとんど不可能です。

時間をかけて徐々にまっとうな集団に変えていこうとするのは、教育的に聞こえますが、逆に非現実的で無責任とも言えます。その間に非行はエスカレートし、もう真面目に生活できなくなるかもしれません。S先生の学校はこの段階なのではないでしょうか。

ここは迷わず、「外科的治療」（→「手引き」⑧）です。

警察に相談し、定期的にパトロールをしてもらうなどの対応をすることが必要です。

また、迷惑行為に困っている周辺住民に事情を話し、すぐに警察に通報するよう依頼します。こうした対応を冷たく非教育的だと思ってはいけません。効果のない対応をいつまでも続けたり、本人たちの気づきを待っていては、深夜徘徊をなくすことは無理です。

〈根本的な取組〉―家庭と学校に居場所を―

どのような問題行動でも、「外科的治療」と同時に行うのが「内科的治療」です。

「深夜徘徊」に至るのは、自分の居場所がないからです。「居場所」は「安心して本音を出せる。自分をさらけ出せる」場であり、「相手にしてもらえて、見捨てられていない」という実感を得ることのできる場です。一般的には家庭がそうではないでしょうか。

ところが、徘徊集団の家庭はそうなっていないのです。帰っても誰もいないとか、親とはうまくいっていないとか。そのため「徘徊集団」の所へ行くわけです。そこに行けば、仲間とうさ晴らしも学校の悪口も言い合えます。彼らは傍若無人に見えてストレスなどないだろうと思ってはいけません。「つっぱる」には、鎧兜に身を固めて学校に来ているのです。胃が悪い番長はたくさんいました。なお、「居場所」づくりは担任の仕事でもあります（→「手引き」㉒㉓）。

〈保護者との相談〉—子どもの不満を聞いてやる—

保護者との相談は、それ自体が子どもを変えるきっかけになります。子どもは「自分のことで親と先生が相談している」ことを知ると、「見捨てられていない。愛されている」と受け取るため、このことが親子関係が好転する契機になります。保護者にはわが子と会話を増やすこと、大いに相手にし注目してあげることなどを訴えます。

また、先生は子どもと世間話をしましょう。そこから、親の話や家庭の話になり、不満をたくさん言えるようになります。不満を吐き出すことによって、子どもは自分を客観視できるようになり、自ずと次はどうすればいいかわかることが多いです。

溜まり場になっていると苦情がくる

〈この問題をどう考えるか〉

地域に溜まり場があって、騒音やゴミの散らかしなどの迷惑行為、喫煙・飲酒などの違法行為もあり、溜まり場をなくしてほしいという苦情がきます。それらはほとんど深夜徘徊を伴っており、とても厄介な問題ですが、地域住民からすれば学校に頼る以外なく、苦情を言ってくるのだと思われます。

溜まり場もいろいろで、公園や図書館などの公共の場が溜まり場になる場合や、大型商店や空き地などが溜まり場になる場合などです。

・「近くの公園に溜まっていることがあるが、小さい子はとても怖くて遊ばせられない。夜にまで集まり騒ぐことがある。どうにかしてほしい」

・「コンビニの前に溜まり、小学生から物を取ったりしているようだ。おたくの中学生なので指導してほしい」

この対応は、まだ先生たちが多数残っているような時間帯なら、勤務時間外でも対応したほうがいいでしょうが、もう20時や21時を過ぎているなら、1人、2人で対応するのはやめるべきです。勤務時間外であることを伝え、「明日、詳しく聞きに係の者がお伺いします」と対応します。翌日、詳細を聞きに行きましょう。

子どもたちが溜まっているというだけでは、警察はなかなか対応してくれません。そこで不法行為や激しい迷惑行為でもあれば別ですが。

溜まり場問題は深夜徘徊を伴っていることが多く、二重に厄介です。

ⓐ単に学校の帰りに公園などに溜まる、ⓑ保護者が帰って来る頃には戻る、ⓒ深夜にまで及ぶなどと、その事情によって対応も違ってきますので、よく状況を把握してから方針をたてます。

ⓐの単に学校の帰りなら、放課後の生活の改善を本人と保護者と担任の三者で話し合います。ⓑの保護者が帰って来る頃には戻るならば、まだかなり脈があります。親との関係を「良好に保ちたい」「見捨てられたくない」という気持ちがあるということです。ⓒの深夜にまで及ぶなら一番重症です。「外科的治療」と「内科的治療」の両方でなければほぼ無理でしょう。

T先生のクラスには、毎日のように下校時に溜まり場に寄るU君と、深夜まで溜まり場で

遊ぶV君の2人がいます。溜まり場には学年もいろいろで10人前後はいます。苦情もよくきますが、なかなか効果が出ません。このままではいつまでも続くのではと心配です。毎年毎年同じことを繰り返しているのですから、何か方法はないものでしょうか。

〈どう対応するか〉―放課後の生活の仕方を保護者と―

伝統的に（?）「溜まり場」問題があるならば、個々の教師や学年で取り組むのではなく、学校全体で一斉に取り組むことがまず必要です。その結果、１人でも２人でも減らして数年かけるつもりで取り組むことです。

その取組の初期は、勤務時間外はもちろん深夜にまで及ぶことがあるかもしれないという覚悟と、学校全体の合意ができるかどうかがポイントです。溜まり場に子どもがゼロになるまで取り組むのは到底不可能ですから、比較的家庭がしっかりしている、保護者の協力をもらえる子たちから取り組んで減らします。最後に残った子たちは、この時点ではどうにもならない子たちということになります。

そうするとT先生の学校でも何人かは減らすことができるはずです。先に３つに分けたⓐとⓑの子たちが、まず取組の対象になります。

ここではU君はⓐとしましょう。ⓐの子は放課後の生活の仕方を保護者と相談します。時間をもてあましているとか、塾に行くまでの中途半端な時間を潰しているとか、その理由を親子で話し合ってもらいます。このⓐのレベルはこの程度の取組でも随分と変わります。保護者が知らなかったというケースが多いのです。

ⓑの子はⓐの子よりは悪化していますが、まだ親から「見捨てられたくない」という親子の絆が感じられます。子どもたちがもともともっている本能的な欲求（→「手引き」㉒）ですから、この絆を大切にする取組をします。まず、保護者には「母親が帰ってくる頃には戻っている」ことの意味を知ってもらいます。そしてかろうじてつながっているこの絆を大切にするために、夜のわずかな時間を使って子どもと接し、会話を楽しむことを頼みます。できれば「(母親が) 帰ってきた時に、○○がしてあると助かる」などと手伝いを頼めるようになれば大前進です。子どもは「必要とされている」という実感をもちます。

また、保護者も勤務時間を変えて、もっと早く帰宅できるようにできればベストです。

このような取組は、当然、父親がいれば父親も交えて取り組みます。

なお、取組を始めたら電話でもいいですから、こまめに保護者に対しては、その子どもが「できていないことを責めるのではなく、できていることを認めてほめる」ことが大切です。保護者にとって最大の励みになるでしょう。

以上のことを学校全体で一斉に取り組むことです。そうすると、この溜まり場の集団に何らかの変化をもたらすでしょう。保護者や学校の本気度が伝わるからです。この集団から抜け出したいと思っていた子には、「最近、親がうるさいから、もう夜は行けないよ」などと絶好の口実を与えてあげることにもなります。

〈「内科的治療」に取り組む〉―「わけ」に取り組む―

ⓑの子の取組をⓒのＶ君にもしていいのですが、実際にはほとんど無理でしょう。既に何らかの理由で、親子のつながりはとても薄くなってしまっているからです。その薄くなっている理由の根は深いです（↓「手引き」⑤）。

これについてはあちこちで述べてきましたので省きますが、全ての問題行動には必ず「わけ」がありますから、この「わけ」を探って取り組んでください。その「わけ」は必ず「基本的欲求」と深く関係しています。そして、仮に「わけ」がわからなくても、この取組によって子どもは結果として「基本的欲求」のいくつかを満たすことになり、事態は必ず好転します。

他校生とのケンカがあるという情報や噂がある

〈この問題をどう考えるか〉

他校生とのケンカは、それが1対1ならば単にケンカで終わりますが、時にはA中学校対B中学校の争いという図式なってしまうことがあります。いわゆる「学校間抗争」です。

例えば、A中の子がB中の子とケンカになり、B中の子に殴られたとします。もし、それぞれの子が中学校の「非行集団」の1人であった場合、そのケンカの経過によっては、A中の「非行集団」は「オレたちが弱いと思われては困る」「B中のやつはA中は弱いよと吹聴しているようだ」などと、A中対B中の抗争に発展していくことがあります。「校内暴力」期にはよくありましたが、今は相当に減ったようです。

いわば集団暴力事件ということになります。実際に、そこまで発展したケースもありますが、最も多かったのは「他校生とのケンカがあるらしい」という情報（噂）が流れるケースです。通常の対応をすれば、大半は未然に防ぐことができます。

彼らも内心はやりたくないのです。しかし、沽券にかかわることですから、「やめたい」

とは今さら言えません。そこで「先公たちにばれて、警察にも知られたので今回はできない」などという口実がほしいのが本音です。

また、単純な誤解から発展したりするケースもあります。

ですから、まず情報（噂）に基づいて、そのような事実（例えば、ケンカ、悪口など）があったのかどうか、事実関係を確かめなければいけません。もし、事実を確定したら今度はその事実の解決にあたります。ただの噂であり、実際には何もなかったということもあります。周辺の者が面白ろおかしく話したり、煽ったりするために架空のことまでも事実であるかのように吹聴することもあります。

もし、実際に起きていたなら、事実に基づいて指導しますが、それぞれの学校で指導し、決して子どもたちに解決を任せてはいけません。

また、双方の中学校のかかわった子たちに「少なくとも今回の件については、これで終わりにする」という約束をさせないと、いつまでもくすぶり続けます。

しかも、以上のことをその日のうちか翌日には終わらせなければいけないのですから、大変な労力を費やすことになります。たいがいは「今日の5時に○△公園」などと、その日か翌日にケンカが設定されているからです。

教師側の最終目標は「ケンカをやめさせる」ことです。関係する子どもたちの保護者にも簡単な事実経過を伝え、ケンカの場所には行かないことを保護者からも説得することを依頼します。

A中学校のW先生は生徒指導主事です。3年生のX君から内密に相談を受けました。「僕は行かないけれど、A中とB中で今日の5時に○△公園でケンカをするらしいです」と。どうやらX君は暗に止めてほしいと思っているようです。W先生は学校同士でのケンカというのは聞いたことはありますが、まだ実際には経験したことがなく、一歩間違えると集団暴力事件にもなりかねず不安をいだいています。

〈どう対応するか〉―目標は「ケンカをやめさせる」―

まずケンカをやめさせることが先決です。

すぐに管理職に報告・相談し相手校と連絡をとり、情報を収集しますが、少ない情報からケンカに参加しそうな子たちにストップをかける体制をとります。学校間の抗争は必ず人集めをしますから、自校で参加しそうな子たちを芋づる式に説得します。もちろん、事は急ぎますから、授業中に子どもを呼び出し時間をかけて事情を聞き、説得をすることになります。聞く先生も自習にせざるを得ないこともありますから、管理職と相談し許可を求めることになります。納得した子には他の子にも言うように頼んでおきましょう。

もちろん、その説得の過程で情報も集め、おおよそがわかった段階で相手校と打ち合わせをして、事実経過の確認をしますが、その場合、今回の争いでA中とB中の中心となっている子や争いのキーポイントの子を見つけます。その子たちは重点的に説得します。

また、該当する子たちの保護者全員に協力を求めるために連絡をとります。

ここまでが最低限の取組ですが、できれば原因となっていることも見つけます。単純な誤解、噂の根拠などを探り、後に尾を引かないようにするためです。

さて、次の段階は本当にストップをかけて納得した子が、時間になっても自宅にいるかどうかの確認です。一斉に電話で確かめます。

先生たちの一部は○△公園に行き、両校の子たちがいないかどうか、パトロールをします。その気配がないと確認できれば、ようやく終了できます。

しばらくの時間は生徒指導部は学校待機をして様子をみることも必要です。

以上の取組は生徒指導部が役割の分担を決めて動きます。

なお、X君が最初の情報源であったことは、最後まで秘匿しなければいけません。さらに、今後のためにも記録をとっておくことです。特に、両校の人間関係などは図で残しておくとわかりやすいです。

〈ストップをかけられなかった場合〉――警察に依頼――

警察にも協力を求める必要があります。説得に応じずに公園に子どもたちが行く場合はもちろんです。説得に応じた子どもが多数いて、多分ケンカは起きないだろうと思われても、警察には事情を説明して協力を求めたほうがいいでしょう。

保護者に説得の協力を求めた時には、警察への依頼もしたことを話すのを忘れないでください。保護者によっては、警察がかかわることを嫌い、後になって学校への不信感をもつことになる場合があるからです。

ところで、事実確認や説得は急を要する問題ですから、警察ではなく学校側がやらなければいけません。もし、本当にケンカが起きれば、警察は独自に事情を調べることになります。

以上のように、噂であってもひとたび学校間の争いが起きそうになると、実に膨大な時間を費やすことになりますので、手際よく綿密な役割分担をしないといけません。これらは生徒指導主事のW先生の仕事です。

手引き

本文中で詳しく述べられなかったことについて、私の他の著作で補っていただきたく思います。

「新装版 生徒指導24の鉄則」→『24の鉄則』
「新装版 荒れには必ずルールがある」
→『ルール』
「新装版 荒れへの不安がにわか指導につながる」
→『不安』
「新装版 その手抜きが荒れをまねく」→『手抜き』
「新装版 いじめ指導24の鉄則」→『いじめ』
「新装版 学級経営17の鉄則」→『学級経営』
「新装版『叱り方』の教科書」→『叱り方』
『生徒指導「トラブル対応」の教科書　プロセス編』
→『プロセス』
（以上のように書籍名を略す。全て「学事出版」刊）

①「校則違反」
・『24の鉄則』鉄則２ 茶髪が広がってもかまわない
・『ルール』３「腐ったリンゴ」を取り除こうとする学校
・『不安』第１章第３考 服装・頭髪違反の「根本」にあるもの
「校則指導」に頼る生徒指導の危うさを指摘しています。

②「指導の二重構図」
・『ルール』10「指導の二重構図」を生む方針の指導部
・『不安』第１章第３考 服装・頭髪違反の「根本」にあるもの
・『手抜き』第９講 不公平感を生んではいけない
服装・頭髪の指導の際に、「一般生徒には厳しく」「荒れた生徒たちには甘く」という二重の基準が生まれざるを得ないことについて詳しく述べています。いわゆる「ダブルスタンダード」ですが、「二重構図」というのは生徒指導そのものが不公平感を生む構造になってしまっている危険を言っています。

③「一時棚上げ」
・『手抜き』第15講「棚上げ」式の生徒指導がいい
・『不安』第１章第３考 服装・頭髪違反の「根本」にあるもの

④「校則違反は広がってもかまわない」
・『24の鉄則』鉄則２ 茶髪が広がってもかまわない

⑤「『わけ』を探る」
・『不安』第１章第４考 問題を起こす「わけ」を探る
・『学級経営』鉄則⑪ 問題行動には「わけ」がある
・『手抜き』第11講 問題行動には「わけ」がある
・『プロセス』第１章「第３鉄則」２
本書の第１章①でも詳しく述べています。問題行動には必ず「わけ」がありますが、根本的な指導をするにはどうしてもこの「わけ」を探らないと適切な方針は立てられません。

⑥「行事に取り組む」
・『学級経営』鉄則⑨ 行事などに取り組む学級にする
・『手抜き』第10講 欲求を満たし、絆のある学級をつくる
・『いじめ』鉄則17 いじめの起こりにくい学級づくり

⑦「もつれた糸を解きほぐす」
・『プロセス』第１章「第４鉄則」の「健全なトラブル」の場合②

⑧「外科的治療」と「内科的治療」
・『不安』第３章「演習問題⑥」教室を出入りし、授業が落ち着かない

P.253に続く→

⑱「荒れ」と「いじめ」の関連

・『24の鉄則』鉄則１ いま、学校は荒れているのか、いないのか

・『いじめ』鉄則８「荒れる学校」で起きるいじめ指導は至難の業

「荒れ」と「いじめ」は、別々の問題として起こることはあまりありません。

⑲「壁」

・『24の鉄則』鉄則３ 生徒との「当然のトラブル」は起きてもよい

・『ルール』「荒れ」のルール２「壁」のない学校

・『不安』第１章第５考「壁」をつくり、トラブルを恐れない

・『手抜き』第19講 教師集団の「壁」をつくる

⑳「『当然のトラブル』は起きてもいい」

・『24の鉄則』鉄則３ 生徒との「当然のトラブル」は起きてもよい

・『ルール』「荒れ」のルール６ 生徒とのトラブル回避を最優先する学校

・『不安』第１章第５考「壁」をつくり、トラブルを恐れない

㉑「法的対応」

・『24の鉄則』鉄則12 学校と警察の連携は当然である

・『ルール』「荒れ」のルール２「壁」のない学校

・『ルール』「荒れ」のルール９ 法的対応に迷う学校

㉒「基本的欲求」

・『手抜き』第10講 欲求を満たし、絆のある学級をつくる

・『いじめ』鉄則17 いじめの起こりにくい学級づくり

・『不安』第１章〈補考〉荒れた子はどのように感じると、立ち直るか

問題行動はこの「基本的欲求」が満たされないと起きます。これは、人が生まれながら本能として誰もがもっている欲求です。

㉓「学級活動」

・『学級経営』鉄則⑨ 行事などに取り組む学級にする

・『手抜き』第10講 欲求を満たし、絆のある学級をつくる

㉔「現場に駆けつける」

・『ルール』「荒れ」のルール14 現場に駆けつけない指導部

・『不安』第２章第７力 まず現場に駆けつける力

指導部だけではなく、教師はできるだけ駆けつけることが大事です。それから役割分担をすればいいのです。

㉕「警察問題」

・『24の鉄則』鉄則12 学校と警察の連携は当然である

・『いじめ』鉄則10「暴力系いじめ」には法的対応が基本

今日では学校が警察に相談したり、連携して対応したりすることは、受け入れられるようになり、かなりの自治体に「学校警察連絡協議会」があります。しかし、今でも警察との連携を「教育の敗北」とする教師も多く、暴力などを伴う問題行動に有効に対応できず、事実上放置されている場合があります。

㉖「親との共同」

・『24の鉄則』鉄則５ 親と共同する

・『ルール』「荒れ」のルール７ 問題を起こす生徒の親と共同できない学校

・『手抜き』第13講 心配な親と共同する

㉗「思春期の問題は家族の問題」

・『手抜き』第11講 問題行動には「わけ」がある

問題行動を繰り返す生徒は、わずかの例外を除いては、思春期の問題は家族の問題でした。

→P.251右段下からの続き

・『学級経営』鉄則⑪ 問題行動には「わけ」がある

一般的には問題行動の指導は、まず外科的治療から始まりますが、効果がなかったり繰り返されたりする場合には、内科的治療も併用することになります。

⑨「叱る教育」

・『叱り方』序章 うまく叱るための「心構え」
・『叱り方』第1章「叱る」ことの教育的意義

叱ることは教育的に劣った方法であり、「ほめる」教育のほうが勝っているというような言説がありますが、それは間違いであることを説いています。

・『不安』第2章第8力 叱れる力

⑩「尊敬される教師」

・『手抜き』第3講 まずおもしろい教師がいい
・『学級経営』鉄則④ 尊敬される教師になる

一般的に「おもしろい教師」→「頼れる教師」→「尊敬される教師」という順を踏むことが多く、私が教師になった昭和50年前後なら生徒がわかってもわからなくても、高尚な（？）話をすればすぐに尊敬してもらえたのは、教師はまだ尊敬されていた時代だったからです。とても指導しやすい時代だったのです。

⑪「よく観て、『根っこ』を探す」

・『不安』第2章第4力「根っこ」に取り組む力
・『手抜き』第16講 生徒指導の力は「根っこ」を見つける力
・『プロセス』第2章

私の「教職課程」の授業を詳しく紹介しています。生徒指導では「なぜ、あの子はあんなことをするのか」という問いはとても大切です。生徒指導の力量はこれを問い続けることです。「なぜ→Aだからだ→なぜAなのか→Bがあったからだ→なぜBがあったのか→Cだったからか……」と問い続けることによって、より根源的な「わけ」に近づきます。

⑫「掃除の３つのコツ」

・『叱り方』第2章5 掃除がきちんとできない学級

⑬「やって見せる、一緒にやる、させてほめる」

・『ルール』24 指導の順序を踏まえない担任
・『不安』第3章「演習問題2」教室がすぐに汚くなるがどうすればいいか

⑭「保健室問題」

・『24の鉄則』鉄則6 不可能なことは不可能だと公表する

⑮「『この指とまれ』式」

・『学級経営』鉄則①「みんなで協力し団結する」をやめる

協力と団結は学級経営では合い言葉のようなものですが、これをやめて「この指とまれ」式でその気のある者をまず結集させるということです。

・『不安』第1章第6考 指導の「レベル」を分ける

3つの「ＨＳＤ式指導」というレベルに分けて指導することを説いています。D式指導は「この指とまれ」式です。

⑯「中間的集団」

・『学級経営』鉄則⑤ 学級内の力関係を知る
・『ルール』1「荒れた生徒」ばかりに取り組む学校
・『不安』第1章第2考「荒れた生徒」ばかりを追い回さない

「荒れていない子たちに取り組む」という意外なことに着目することを説いています。この「荒れていない子たち」こそが「中間的集団」です。

・『ルール』5「中間的集団」を育てない学校

「中間的集団」に支持されなければ荒れは克服できないことを説いています。

⑰「叱り方」

『叱り方』を参考にしてください。「叱る」ことの重要性、教育的意義などとともに、多様な叱り方を説明しています。

おわりに

私は古希を過ぎた今も、依頼があれば学校に赴き生徒指導のあり方について話してきました。その際に最も気をつけることは、先生たち自らが生徒指導の技術と方法をつくれるようになることです。一つ二つの技術と方法を紹介したところで、3つ目の問題にはきっと通用しないからです。

教師の個性も違えば、目の前の対象となる生徒も毎年変わり、同じ生徒であっても日々変わっていくのですから、全ての先生と全てのトラブルや問題に通じる技術や方法などあるはずがありません。

しかし、先生たち自らが生徒指導の技術と方法をつくれるようになるための「考え方」を鍛えるために、私自身の「考え方」を述べてきました。各項目の最初にある〈この問題をどう考えるか〉という箇所です。

この「考え方」は現場教師の英知である「経験知（実践知）」と研究者などの英知である「理論知（学問知）」のどちらでもなく、それらの中間に位置した橋渡しのようなものですが、今度はみなさん自身が「考え方」をつくってください。

「研究者の生徒指導の専門書を読んでも役に立たない」「現場教師の実践書も相手や場面が変わると役に立たない」という声は、全てこの「考え方」の未確立からきていると思われます。

このような問題意識をもって、「プロセス編」と「事例編」の2冊を書きました。どうかその「考え方」の一端を汲み取っていただけたら幸いです。

本書も学事出版の町田春菜さんに励まされながらできあがりました。これまでに書いてきた本をシリーズ（「鉄則シリーズ」「荒れシリーズ」「教科書シリーズ」各3巻・全9巻）としても発行していただき感謝にたえません。本書はシリーズ最後の本です。

２０２３年４月　　　吉田　順

吉田 順（よしだ・じゅん）

1950年、北海道別海町生まれ。横浜市で37年間公立小中学校に勤務。担任32年、生徒指導部長16年、学年主任13年兼任。2011年定年退職。平成元年より「生徒指導」ネットワーク主宰。現在、「生徒指導コンサルタント」として全国の「荒れる」学校を訪問し、指導方針づくりに参画。「生徒指導」「非行・問題行動」「荒れる学校」「学級経営」などのテーマで講演、著述、相談活動をしている。訪問した学校は40年間で200校を超える。

〈「生徒指導」ネットワーク連絡先〉
〒236-0022 横浜市金沢区町屋町32-41（吉田）
Tel&Fax 045-701-2567
E-mail 24network@iron.biglobe.ne.jp
※質問・悩みなどをお寄せください。ご質問などには必ず回答します。

生徒指導「トラブル対応」の教科書　事例編
教師が直面する49のケース

2023年５月10日　初版第１刷発行

著　者　吉田 順
発行人　安部 英行
発行所　学事出版株式会社

〒101-0051　東京都千代田区神田神保町1-2-5
電話　03-3518-9655
HPアドレス　https://www.gakuji.co.jp/

編集担当　町田 春菜
表紙デザイン　奈良 有望
印刷・製本・本文デザイン　研友社印刷株式会社

落丁・乱丁本はお取り替えします。
ISBN 978-4-7619-2919-0　C3037